アメリカにおける学校認証評価の現代的展開

浜田 博文 編著

東信堂

はしがき

　2000年代に入って、日本では学校評価システムの制度化が急ピッチで進められてきた。2007年には学校教育法改正が行われ、「自己評価」「学校関係者評価」「第三者評価」という3形態を主要素とするシステムが形成されてきている。いまや、管理職を対象とする行政研修などでは「学校評価」は必須用語であり、それに関係する書物も数多く刊行されている。

　しかし、学校現場に学校評価がどれほど根付いているかと言えば、感触はあまり芳しくない。はたして、近年の日本で制度化され推進されつつあるシステムは、学校の状況を改善するうえで妥当なものといえるのだろうか。学校現場での改善の取り組みを支援するようなシステムはどうありうるのだろうか。本書の初発の動機は、この点にあった。

　学校評価に関する論考は多いし、最近では先進諸国の最新の情報が、書物や雑誌、関連学会の場を通じて発信されている。われわれもそうした議論から示唆を得てきた。しかし、本書が対象とするアメリカの学校評価に関しては、不思議なことに断片的な情報しか伝えられていない。もちろん、現代のアメリカ教育改革といえば誰もが「アカウンタビリティ」の厳格化を思い浮かべるし、NCLB (No Child Left Behind) 法（2002年施行）に伴って広がった、学力テスト結果を重要な指標とする評価システムについては日本でも広く知られている。しかし、その一方で、19世紀末以来の歴史を有する学校認証評価の現代的な展開状況に関心を向けた研究は、われわれが本格的な調査に着手した2009年の時点では皆無と言ってよい状況だった。

　そこでわれわれは、2009年度〜2011年度に「現代アメリカの学校認証評価における学校改善支援機能に関する学術調査研究」の主題で日本学術振興会科学研究費補助金基盤研究（B）(海外学術調査) の交付を受けて、本格的な調査に取りかかった。共同研究メンバーは、教育経営学・教育行財政学の分

野でアメリカを対象とした研究に携わってきた。にもかかわらず、この3年間の調査は、知らなかったことを発見して互いに目を見開いて議論し解釈することの連続で、知的興奮に満ちていた。

幸いにして、2013年度日本学術振興会科学研究費補助金・研究成果公開促進費の交付を受けることができた。こうして一応の研究成果を早期に刊行物として世に問うことができるのは望外の幸せである。われわれ自身の知的興奮を本書の内容を通じてどれだけお伝えできるかは、読者からの評価をまつしかない。

本書の考察対象はアメリカの最新の動きであり、次々と更新される情報に驚かされる場面も多かった。今なおそうした動きは続いている。そのため、本書は原則として研究成果公開促進費の申請書作成時点である2012年10月頃までの調査をもとにしている。その後も可能な限り最新情報の把握に努めてきたが、重大な変更がある場合を除いて、本書のデータは2012年10月時点のものになっていることをお断りしておく。アメリカで1世紀以上の歴史を有する学校認証評価が現代教育改革のもとでどのような変容と展開をみせているか、そこから学ぶべきことは何か、について考えながら読み進めていただきたい。今後の関係する研究・議論にとって、本書が少しでも役立つことができればうれしい。

2013年9月

編著者　浜田博文

目　次

はしがき　i
執筆者分担一覧　vi

序　章　本書の問題意識と目的 …………………………………… 3
1. 問題の所在　3
2. 本書の目的と研究経過　8
3. 「認証評価（accreditation）」の概念整理　12

第1章　地域協会による認証評価の発展と特徴 …………………… 20
1. 各地域協会の活動と学校認証評価の仕組み　20
   (1) ニューイングランド協会（NEASC）　20
   (2) ミドルステーツ協会（MSACS）　24
   (3) 北中部協会（NCA）　30
   (4) 南部協会（SACS）　34
   (5) 北西部協会（NWAC）　36
   (6) 西部協会（WASC）　44
2. 6地域協会による認証評価活動の内容比較　47
   (1) 認証評価の基準内容　47
   (2) 認証評価のプロセス　50
   (3) 評価チームの構成と評価者の力量形成　52
3. 小　括――同業者による第三者評価としての学校認証評価　53
   (1) 共通基準、教育専門職としての同業者による評価、そして自己評価の重視　53
   (2) AdvancED の成立にみる学校改善支援の強化指向
       ――評価から改善支援へ　54
   (3) 残された問題と今後の研究課題　57

第2章　学校改善のツールとしての認証評価の展開 …………… 65
　　　　――AdvancED の創設に着目して

1. AdvancED の創設――北中部協会と南部協会の統合　65

2．AdvancED による学校認証評価の仕組み　68
　3．学校改善支援を重視する活動の内容と展開　69
　　（1）ASSIST の開発　69
　　（2）年次大会（annual conference）の開催とねらい　71
　4．学区認証評価の実施　74
　　（1）基準準拠　75
　　（2）継続的改善　76
　　（3）質保証　77
　　（4）学校改善への利点と効果　78
　5．小　　括　──学校改善支援への指向性　79

第3章　アカウンタビリティ制度の展開と認証評価 …………84
　　　　　──州・学区・学校での取り組み

　1．学校認証評価制度の全体像と今日的変容　84
　　（1）学校認証評価制度の全体像　84
　　（2）学校認証評価制度の今日的変容と検討課題　88
　2．認証評価と州アカウンタビリティ制度との関係　89
　　（1）全体の傾向　89
　　（2）認証評価とアカウンタビリティとの連動　90
　3．事例分析　113
　　（1）フロリダ州の事例　113
　　（2）ミシシッピ州の事例　120
　　（3）ジョージア州の事例　125
　　（4）ミシガン州の事例　130
　4．小　　括　──アカウンタビリティ制度下における認証評価の変容　147
　　（1）学校改善を軸にしたアカウンタビリティと認証評価の連関　147
　　（2）州レベルにおけるアカウンタビリティと認証評価の関係態様　149
　　（3）州アカウンタビリティ制度下における
　　　　学校・学区認証評価の意義と課題　150

第4章　アメリカにおける学校認証評価の現代的展開……161
　　　──全体総括

1. 認証評価の概念とアカウンタビリティの概念　161
    (1) 教育改革の機軸としての両概念　161
    (2) アカウンタビリティ概念に関する再確認　162
    (3) 認証評価（アクレディテーション）の概念　165
    (4) 認証評価の概念をめぐる課題　168
2. 学校認証評価の現代的動向　170
3. 学校の評価と責任をめぐって　173
4. 日本の学校評価システムについての示唆　──むすびにかえて　175

あとがき　179
執筆者紹介　181
索　引　183

執筆者分担一覧（執筆順）

浜田博文
（筑波大学人間系教授）
はしがき、序章1・2、第1章1(5)、第1章3（1）・(3)、第3章3(1)、第3章4、第4章2・3・4、あとがき

照屋翔大
(愛知東邦大学人間学部助教)
序章3、第1章1(4)、第1章2、第2章、第3章3(3)

大野裕己
(兵庫教育大学大学院学校教育研究科准教授)
第1章1(1)・(2)、第3章1、第3章3(2)

山下晃一
(神戸大学大学院人間発達環境学研究科准教授)
第1章1(3)、第1章3（2）、第3章3(4)、第4章1

竺沙知章
(京都教育大学大学院連合教職実践研究科教授)
第1章1(6)、第3章2

アメリカにおける学校認証評価の現代的展開

序　章　本書の問題意識と目的

1．問題の所在

　日本では過去10年余の間に、学校評価の制度化が急速に進行し、その実践が広がりをみせてきた。2007年には学校教育法に関連規定が盛り込まれ、自己評価の実施と結果公表が義務化されるとともに、学校関係者評価も広く行われるようになっている。『学校評価ガイドライン』(文部科学省)は、学校評価の目的の一つに「各学校が、自らの教育活動その他の学校運営について、……学校として組織的・継続的な改善を図ること」を挙げ、「自己評価」「学校関係者評価」及び「第三者評価」を併せた学校評価システムの構築をデザインし、その実践試行も各地で展開されてきている。さらに、2010年3月には『学校の第三者評価のガイドラインに盛り込むべき事項等について(報告)』が公表され、「自己評価や学校関係者評価を最大限有効に活用し、学校運営の改善をより確実に進めていくためには、……学校運営の質を確認するとともに、学校の優れた取組や改善すべき課題などを学校や設置者等が改めて認識できるような取組を行うことが重要である」として、学校の第三者評価の具体的なあり方が示された。

　2010年10月に文部科学省に置かれた「学校運営の改善の在り方等に関する調査研究協力者会議」は、2011年7月に「学校評価の在り方に関するワーキンググループ」を立ち上げて、2012年3月12日付で『地域とともにある学校づくりと実効性の高い学校評価の推進について(報告)』をまとめて

いる。そこでは、いわゆる「コミュニティ・スクール」などの保護者・地域住民の学校運営への参画や、学校と地域の連携に関連して実施されてきた種々の施策と学校評価システムを結びつけて、「新しい公共」の概念をもって包括的に捉え位置づけ直そうとする趨勢がみられる。

このように学校評価システムの構築が国の施策として積極的に進められてきた背景には、義務教育を中心とする公教育の管理や責任のあり方を組み替える構造改革の意図がある。2005年10月の中教審答申『新しい時代の義務教育を創造する』では、「義務教育の構造改革の基本方向として、①国が明確な戦略に基づき目標を設定してそのための確実な財源など基盤整備を行った上で、②教育の実施面ではできる限り市区町村や学校の権限と責任を拡大する分権改革を進めるとともに、③教育の結果について国が責任を持って検証する構造への転換を目指すべきである。」と謳われ、分権・規制改革のもとでの国、都道府県、市町村の役割や責任の相互関係の転換の必要性が提示されている。すなわち、市町村と学校が教育の実施主体としてより大きな権限と責任を委ねられると同時に、国がそのアウトカム（教育の結果）を検証し質を保証するシステムへの移行が求められている。

1990年代末以降、教育の規制緩和・地方分権改革は着実に推進され、それらは「学校の自主性・自律性の確立」を求めてきた。地域住民や保護者など教職員以外の様々な主体による学校運営への参画とともに、個々の学校が教育の結果責任をより明確に意識し教育の質保証につながるための学校評価の追求が、重要な政策課題とされてきたといえよう。前掲の学校評価システムは、そうした中で短期間のうちに制度化されたものである。

しかし、各学校で行われている教育活動とその改善のための取り組みを支援・促進するための重要な装置として意義づけようとするとき、果たして前掲の学校評価システムが学校改善の推進にそのまま結合するのか、という疑問は拭えない。中でも「第三者評価」と呼ばれるような、学校の外部者による評価を含む学校評価の仕組みが本当に学校改善を導く機能を果たしうる装置なのか、それを学校改善に結合して機能させるにはどのような条件が必要

なのかなど、議論の余地は残されている。それらの解明は、現代の学校経営研究にとって差し迫った課題の1つだといえよう。

2010年7月の『学校評価ガイドライン〔平成22年改訂〕』は、「自己評価」「学校関係者評価」及び「第三者評価」から成る学校評価システムの基本枠組みを提示した上で、その目的を次のように示している。

① 各学校が、自らの教育活動その他の学校運営について、目指すべき目標を設定し、その達成状況や達成に向けた取組の適切さ等について評価することにより、学校として組織的・継続的な改善を図ること。
② 各学校が、自己評価及び保護者など学校関係者等による評価の実施とその結果の公表・説明により、適切に説明責任を果たすとともに、保護者、地域住民等から理解と参画を得て、学校・家庭・地域の連携協力による学校づくりを進めること。
③ 各学校の設置者等が、学校評価の結果に応じて、学校に対する支援や条件整備等の改善措置を講じることにより、一定水準の教育の質を保証し、その向上を図ること。

ここに示された目的表現は、必ずしも相互に整合性をもつものとは限らない。①にあるように学校評価システムは教育活動その他の学校運営の組織的・継続的改善を目指すと謳われているものの、現実は必ずしもそのように機能していない。学校における教育活動の改善を支援・促進するための重要な装置として学校評価を機能させるには何が必要なのかを考える必要がある。また、そもそも「自己評価」「学校関係者評価」「第三者評価」という枠組みや、上掲①～③の目的の中に、相反的ともいえる異質な要素が含まれている可能性もある。それらが学校改善へとつながるよう機能するためには何が必要なのか。学校評価の仕組みと実態は、様々な角度から検討されるべき余地を残している。

このような課題に関連して、先行する諸外国のしくみを検討し、そこから示唆を得ようとする数多くの研究がすでになされている[1]。なかでも外部評価あるいは第三者評価のしくみについてはイギリス、ニュージーランド[2]の

6 1. 問題の所在

制度が多く参照され、とくにイギリスの仕組みは上記の日本のデザインに多くの示唆をもたらしたとされる。また、諸外国の学校評価に関する歴史的研究としては、アメリカ・イギリスについて優れた研究が発表されている[3]。

しかしながら、これら多くの先行研究を通覧しても、外部者（あるいは第三者）による評価を各学校の自己評価の促進と教育活動の改善につなげていくための条件の解明にまで到達しているとは言えない。外部者による学校評価が、各学校レベルでの学校運営の組織的・継続的改善とそれに連なる教育活動の改善に向けた取り組みを促進・支援するよう機能するためにはどうすればよいかという点についての検討は、研究課題として今なお残されている[4]。

以上の問題意識に基づいて、われわれは、19世紀末以降、アメリカで発展・定着してきた学校認証評価（accreditation）、とりわけ6つの地域別に草の根的な活動の発展過程をたどった地域別学校認証評価協会（表1参照）の活動に注目した。

アメリカの認証評価といえば、日本では、大学評価の仕組みとしてなじみ深いだろう。当然ながら高等教育研究の分野では先行研究も数多い[5]。しかし、それが今日、高等教育機関とは異なる文脈のもとで初等段階の学校でも広く行われていることはあまり知られていない。日本における先行研究が僅少であるだけでなく[6]、管見の限り、アメリカでもほとんどと言ってよいほど先行研究はないというのが実情である。

元来、高等教育機関への入学要件の充足を保証するためにハイスクールレベルの中等教育機関のカリキュラム水準の評価・維持の方法として成立したこの仕組みが、高等教育と直に接続していない中学校（middle school 等）や小学校（elementary school 等）などの学校一般を対象に広がりをみせてきたのはなぜなのか。われわれは、各地域協会ならびにその州支部関係者が近年、学校改善のための支援的・促進的機能を重視・強調しているという動向に着目し、調査をおこなってきた。初等中等学校を広く対象として認証評価を行いつつある認証評価機関の新たな活動の具体的な内容の中に、外部者による評

図1 6つの地域協会の管轄範囲
(前田早苗著、注4、15頁に掲載された図1を一部変更して転載。)

表1 各地域協会の対象州等

地域別協会	管轄州等
ニューイングランド	コネティカット、メイン、マサチューセッツ、ニューハンプシャー、ロードアイランド、バーモント、など
ミドルステーツ	デラウェア、メリーランド、ニューヨーク、ニュージャージー、ペンシルバニア、ワシントンDC、プエルトリコ、USバージン諸島、など
北中部	アリゾナ、アーカンソー、コロラド、イリノイ、インディアナ、アイオワ、カンザス、ミシガン、ミネソタ、ミズーリ、ネブラスカ、ニューメキシコ、ノースダコタ、オハイオ、オクラホマ、サウスダコタ、ウェストバージニア、ウィスコンシン、ワイオミング、国防総省教育本部、ナバホ保留地、など
南 部	アラバマ、フロリダ、ジョージア、ケンタッキー、ルイジアナ、ミシシッピ、ノースカロライナ、サウスカロライナ、テネシー、テキサス、バージニア、など
北西部	アラスカ、アイダホ、モンタナ、ネバダ、オレゴン、ユタ、ワシントン、など
西 部	カリフォルニア、ハワイ、米国領サモア、グアム、北マリアナ諸島、など

注:2006年に北中部と南部の2協会を包括する組織としてAdvancEDが創設され、2011年には北西部協会もそこに統合されている。これら3協会はAdvancEDの認証評価部門として位置づけられ、国外の学校認証評価を積極的に展開しつつある。

価を含めた「学校評価」が学校運営の組織的・継続的改善とそれに連なる教育活動の改善を促進・支援する意図や要素があるのではないかと考えたからである。

2. 本書の目的と研究経過

　本書の目的は、19世紀末にアメリカで成立し発展を遂げてきた学校認証評価が、現代とりわけ1990年代以降において重要な変化を示しつつある動向に着目して、その経緯、背景、および実態を明らかにすることを通して、アメリカにおける学校評価の現代的展開の意義と課題について考察することにある。これまでほとんど研究の俎上に乗せられてこなかったアメリカの学校認証評価の最新動向を検討することによって、今日の日本でも強く求められている、学校改善につながる学校評価の課題を考える材料を提示したいと考える。

　1990年代後半以降、アメリカで構築されてきた厳しいアカウンタビリティ制度のもとで、標準学力テストに基づく学校改善度の評定（grading）やそれに関わる各州や学区教育委員会の動向等には、日本でも高い関心が向けられてきた[7]。しかし、テストスコアを中心とした限定的指標に基づいて教育行政機関が行う学校対象の評定は、学校運営の改善やそれに連なる教育活動の改善をすぐさま促進するものではない。他方、個別学校サイドでは、認証評価を受ける初等中等学校が増えてきており、それを含めたうえで、学校改善に関わって学校評価的な仕組みがどのような機能や効果を有しているかを視野におさめておく必要がある[8]。

　学校の第三者評価の一形態とも言えるアメリカの学校認証評価が、1990年代以降どのような実態を示していて、そこにどのような変化がみられるかということは、日本の学校評価システムと学校改善との関連を検討する上で示唆を含むものだと考える。ところが、アメリカの初等中等段階の学校認証評価を対象とする研究は、中留の研究を除いては、ほとんど断片的な紹介程

度にとどまり、とりわけ最近の新たな動向を対象とする研究は皆無に近い[9]。

われわれは2009年4月に日本学術振興会科学研究費補助金基盤研究（B）（海外学術調査、2009年度～2011年度）の交付を受けて本格的な調査に着手し、インターネットを通じた諸資料の収集、文献の収集、および現地の地域協会事務局やその州支部、ならびに学区教育委員会、学校などへの訪問調査に取り組んできた。その間、日本教育経営学会の第50回大会（静岡大学、2010年）、第51回大会（日本大学、2011年）、第52回大会（香川大学、2012年）において経過報告を行った。本書は、それらの報告内容に基づいている。

調査では、まず、各地域協会、一部の州教育局および学区教育委員会、学校などのウェブサイト上の資料を入手して最新情報を分析した。その上で、6つの地域協会の事務局や関係する教育委員会および学校への訪問調査を行った。

2010年の報告では、そこで得られた情報に基づいて、全米の6地域ごとに独立して創設され発展してきた地域協会それぞれの歴史的展開、および活動の内容を整理し、各協会による初等中等学校の認証評価の独自性および共通性などについて明らかにした。その中で、北中部および南部の地域協会の統合的組織として2006年に新たに設立されたAdvancED（アドバンス・エド）に着目し、その活動内容を検討することを通じて、学校改善への強い指向性に基づく特徴を明らかにした[10]。

2011年の報告では、19世紀末にハイスクールと大学の発展に伴って成立した「認証評価（accreditation）」の概念整理を行った。その上で、AdvancEDに含まれる南部地域と北中部地域に属する州を事例として、1990年代以降に強化された各州レベルのアカウンタビリティ制度と学校・学区認証評価との関係について検討した。州による違いはあるものの、初等中等学校に広く普及しつつある学校認証評価、さらに学区教育委員会を対象とした学区認証評価が、学校改善にとってどのような意味をもち、いかなる機能を果たしているかを検討した。さらに、アメリカにおける初等中等学校の学校・学区認証評価が、アカウンタビリティ制度強化の動向のもとで、学校改善あるいは

それ以外のどのようなインパクトや機能をもちうるのか、考察を行った[11]。

そして2012年の最終報告では、以上の研究経過を踏まえつつ、アメリカにおける初等中等学校レベルでの「認証評価（accreditation）」の動向を近年の先進諸国に共通しているアカウンタビリティ制度との関係において捉え直そうと試みた。まずは、アメリカにおける学校認証評価制度の概要を描くべく、認証評価制度の全体像とその内容実態について検討した。次に、訪問調査で入手した文献資料のほか、インターネットを通じて各州の州法規定等から、州独自の認証評価制度とアカウンタビリティ制度の有無を明らかにした。こうした調査結果を踏まえて、学校認証評価が各州で整備されているアカウンタビリティ制度とどのような関係をなしているかについて考察した。さらに、アメリカにおける最近の動向をもとに、学校の評価と責任の関係について考察した[12]。

ここで、本書で最も重要な「認証評価」の用語の使用について簡単に述べておきたい。

本書が用いる「認証評価」の原語は"accreditation"で、所要の基準に達しているということを所定の機関が公式に承認・認定することを意味する[13]。

日本の教育界では、高等教育改革に関係する重要な用語としてそれに高い関心が注がれてきた。周知のように学校教育法（第109条第2項）により2004年度から大学の認証評価が義務化されたが、その基盤をなした2002年の中教審答申『大学の質の保証に係わる新たな評価システムの構築について』に至る議論の過程では、アメリカのアクレディテーションが参照された。遡れば、1990年代の大学審議会、1980年代の臨時教育審議会での議論でもそれは参照されていたし、さらに、戦後教育改革時（1947年）に大学基準協会が設立される際にもそれは重要な影響力を及ぼした[14]。

ただし、その訳語には「基準認定」「適格認定」「認証」などの言葉が充てられる場合もあるし、「アクレディテーション」とカタカナで表記される場合もある。敢えてカタカナ表記がなされるのは、アメリカの教育界においてこの概念が成立・発展してきた独自の背景要因に配慮してのことだと考えられ

る。日本において「学校を認定あるいは認証する」といえば、国家行政機関による行為という既成観念がつきまとうが、アメリカではそれがあてはまらない。アメリカにおいて、「アクレディテーション（Accreditation）とは、大学自身が正確な自己点検評価を行うという努力を積み重ねることによって、信用（Credit）を獲得し（Acquire）、それを仲間の他大学が認める（Acknowledge）という能動的・自主的な制度」[15]だと言われる。

　こうしたことは理解しつつも、本研究ではこれに「認証評価」という日本語を充てることにした。なぜなら、本研究の主要な関心は、初等中等教育段階の学校における外部者（つまり当該学校の教職員以外の者）による評価と学校改善との関係にあり、それらの機能のありように着目して"accreditation"の態様を捉えたいと考えたからである。その概念に内在する機能の第一は所定基準に基づく「認証」にあるが、それは「評価（evaluation）」という行為を必然とする。地域協会の発展の過程で 1933 年に中等学校の基準（standards）に関する共同研究が着手され[16]、加盟校が教育プログラムを効果的に自己評価するための材料をつくるために「中等学校基準についての共同研究所（Cooperative Study of Secondary School Standards）」を設立[17]、それは後に名称を変え、1959 年に「全米中等学校評価研究所（National Study of Secondary School Evaluation）」、1969 年には、「全米学校評価研究所（National Study of School Evaluation：NSSE）」となったという事実経緯に、それは明白である[18]。

　よって、「認証」と「評価」の両者を含み込む行為を担う機関として本研究は地域協会の活動を位置づける。

　もう一つ、本書の研究課題に関係する重要な点について補足しておきたいことがある。前述のような学校認証評価の歴史的経緯を踏まえるとき、全米学校評価研究所（NSSE）の活動とそれによって開発された評価規準の内容分析は欠かせないものと考えられる。当然われわれも、当初はそう考えた。NSSE は 1933 年以降、全米 6 地域協会による共同の研究組織として長く活動を続けてきた。それは 6 地域協会の代表者から成る理事会によって運営される非営利機関として、評価のための様々な材料・リソースを作成してきた。

中でも 1940 年に最初に作成された「評価のための規準（Evaluative Criteria）」は第 6 版（1990 年）まで 10 年間隔で改定され、地域協会で共同利用されてきた。しかし、2006 年に北中部協会、南部協会と NSSE を統合する組織として AdvancED が創設されたことにより、6 地域協会の共同機関としての NSSE の歴史は幕を閉じ、NSSE という組織の実体は消滅した。

われわれは当初、この NSSE の活動内容と規準の変化を分析・考察しようと考えて調査にとりかかり、関連資料を入手した。ところが、AdvancED の事務局をはじめとする各所への訪問調査の過程で、われわれが想定する認証評価の質的変化を捉えるには、すでに過去のものとなった NSSE の活動の分析よりも、最新の実践動向を把握することのほうが重要だと判断するに至った。そのため、NSSE の活動や規準の変遷等は本書の考察対象から除くこととした[19]。

本書は、以上のように 2009 年度〜 2011 年度の 3 年間にわたって実施した調査と考察の内容に基づいている。

(以上序章 1・2 浜田博文)

3.「認証評価（accreditation）」の概念整理

アメリカにおける認証評価の歴史は、1871 年にミシガン大学の教職員の代表者が中等学校に対して、大学での学びに適切な準備を行なっているという信頼に足るものであるかについて、文字通り「認定（accrediting）」することが始まりであったとされる[20]。

認証評価については多くの研究が多様に定義するところであるが、これらの先行研究に共通した要素を抽出するならば、アメリカにおける認証評価（特に地域協会によるもの）は、「ボランタリズム、同業者による評価（peer review）、教育の水準保証」を中核とした教育の質保証システムとして発展してきたと理解することができる[21]。そもそも accreditation は「信頼」を意味するラテン語（credito）を語源に持つ[22]。19 世紀末から 20 世紀初頭にかけ

て全米 6 地域で形成されてきた地域協会は当初、中等学校におけるカリキュラムスタンダードが大学入学に相応しいものであるための合意形成を図ることを目的として、大学を中心に成立した[23]。その後、1932 年に当時の地域協会（5 協会）が共同して、中等教育のための認証評価基準を開発した「8 年研究（eight-year study）」に取り組むまで、地域協会による認証評価はまさにボランタリーかつ各地域に根差した「信頼のコミュニティ（a community of trust）」として成立してきたという歴史をもつものであった[24]。

　ところがこれまでに、以下の四点において認証評価をめぐる変化を確認することができる。第 1 は、認証評価＝ボランタリーな活動という点をめぐる変化である。現在、ボランタリーであるはずの認証評価がそれを受けていない学校に通う子どもがそのことによって不利な状況におかれるという現状・認識が存在する。たとえば、連邦政府奨学金の受給資格にかかわる問題である。政府奨学金をめぐっては、連邦政府によって承認（recognition）された認証評価団体が認証（accredit）した学校の生徒に対して政府奨学金を与えるという関係構造が第二次世界大戦後に構築された。ボランタリーな同業者による評価に基づく活動が、公的・私的な物的・財的支援の対象選定に利用されるようになったのである[25]。すなわち、ボランタリーな活動として始まった認証評価が財政援助等の選定ツールとして一定の社会的機能を発揮するという事態が確認されるのである。以上は、高等教育における事例ではあるものの、初等中等教育段階の学校であっても奨学金や大学入学資格に関して認証評価の有無が子どもたちの利益という点で影響が見られるとの報告がある[26]。

　第 2 は、認証評価における評価の焦点の変化である。ロズステイン（Rothstein, R.）らの研究は、現在地域協会による認証評価の焦点がアウトカム（教育の結果）に基礎を置くものになってきたことを明らかにしている[27]。またストゥープス（Stoops, J. A.）は、認証評価を行う際の焦点が「具体性の欠ける部分（disembodied parts）から結果志向のプロセス（result-oriented process）」へ変化したことを指摘している[28]。従前は、生徒一人当たりの図書数や、大学を

卒業した教員の数、理科室や体育館が整備されているかなど、いわばインプット（学校要件）のそれぞれについて「現状がどのようであるか（their current standing）」を評価することが認証評価の主要な関心であったのに対して、現在では「望ましい目標に対する取り組みの質（the quality of their movement towards desired goals）」という学校の目標達成に向けた改善プロセスを評価項目として重視するようになったというのである。例えば、本研究においてわれわれが注目したAdvancEDの取り組みは、継続的な学校改善と認証評価の取り組みを結びつけようとする（bringing school improvement and accreditation together）ところに力点を置いている[29]。このように、教育の成果が強く求められる中で、認証評価においても成果を生み出す学校としての取り組みの実際に評価の焦点が当てられるようになっている。

　認証評価の取り組みの焦点が変化するのと時期を同じくして、アメリカでは生徒の学習成果に関する公的な評価システムとして教育アカウンタビリティ制度の構築が進められてきた。この教育アカウンタビリティ制度との関係性に第3の変化が見られる。両者の性格の違いについて、たとえばペンス（Pence, K.）はアカウンタビリティが基準に対する測定（measurement）を求めるものであるのに対して、認証評価は学校組織全体の健全度を見極め、改善を導き出すために次に何を実施すべきかを浮き彫りにすることを求めるものとして対置している[30]。またアカウンタビリティが「外在の権威を行使するもの（the use of external authority）」であるのに対して、認証評価は「自己分析からなる徹底した内的プロセス（in-depth internal process of self-reflection）」だと指摘している[31]。この整理によると、教育の成果を外部において設定された基準に照らしてその達成度を厳しく問うのが教育アカウンタビリティ制度であり、学習成果を生み出すために各学校でどのような取り組みが展開され、今後どのように改善していく必要があるのかを明確にしていく過程を認証評価の取り組みとして、その違いを把握することができそうである。

　しかしこの状況を学校側から捉えなおしてみると、公的な評価システムのみならず、今や一定の社会的機能をも発揮するようになった認証評価にまで

応えていくことが必要になったと理解することもできる。この状況についてロズステインらが、認証評価とアカウンタビリティ制度の両者において性質上のまたは手続き上の重複があることは非効率的という観点から、認証評価がいくらかの修正を加えながらも教育アカウンタビリティ制度の一部に組み込まれていく可能性について指摘していることは興味深い[32]。認証評価をより公的なシステムとして位置づけるという考え方である。後の章で詳述するが、現在すでに教育行政当局と認証評価機関が共同して、学校改善の支援、生徒の学習成果の向上に取り組む事例も存在している。またミューレンとストーバー（Mullen, C. A. and Stover, L）によるaccreditationの定義[33]に示されるように、認証評価という取り組みを州当局が主導する形で実施している州も存在している。認証評価の実施主体をめぐる多様な形態の発展が、アメリカにおける認証評価の意味づけそのものをいかに変化させるインパクトを持ちうるのかについては、今後も注意深く検討する必要がある。

またAdvancEDの誕生は認証評価の持つ地域性という特徴にも変化をもたらしている（第4の変化）。そもそも認証評価の基準は各地域協会に加盟する学校群として共有すべき「良い学校が持つ特徴」[34]を明示するものであった。そのために、各地域協会は自身の管轄エリア内での同業者評価をこれまで重視してきたのである。実際に、ニューイングランド協会の事務局長は、認証評価の訪問評価に際しては当該学校や学校を取り巻く地域の固有性をしっかりと理解していることが重要という立場から、認証評価活動において地域性を守ることの重要性を指摘している[35]。

ところが本研究が着目するAdvancEDは米国内のみならず、国外の学校までも事業の対象として位置づけ、発展してきている。AdvancEDにおける認証評価の基準が、学校改善やよい学校というものに対して従前の地域協会とは異なる指標を今後提供していく可能性も考えられるであろう。それは同時に目指すべき改善、学校のすがたは地域性に依らないと言い切ることができるのかという問いも投げかけている。

以上から、アメリカにおける認証評価（accreditation）という概念は、各時

3.「認証評価（accreditation）」の概念整理

代における実態に即して、意味内容を変化させてきたといえる。その中でもAdvancEDの創設はその変化をより明確に示してくれている。1990年代以降の教育の質保証を主たる関心とする教育アカウンタビリティへの意識の高揚と共に、認証評価の焦点が、学校要件の不足を評価するインプット評価から、協会の準備する基準に照らして、目標とする学習成果を生み出した（もしくは生み出せなかった）論拠を綿密に記述させ、その妥当性を評価するプロセス評価へと変化したことは、この概念の現代的意味合いを理解するうえで非常に重要である。つまり現在の地域協会による認証評価、とりわけAdvancEDによるそれは、定量的にどれだけの基準を満たしているという"お墨付き"を与え、当該協会の構成メンバーとして認めるという意味での「基準認定／資格認定」[36]にとどまらず、定性的に構成された自己分析（self-study）がいかなるエヴィデンスに支えられ、説得的であるのかを第三者としての同業者が確認をし、その妥当性を評価し、次の改善に向けた手続きを協働的に生み出すという営みへと拡張しているからである。

(序章3　照屋翔大)

[注]
1　例えば、窪田眞二・木岡一明編著『学校評価のしくみをどう創るか』学陽書房、2004年。
2　例えば、福本みちよ「ニュージーランドの学校評価システムに関する研究」『教育制度学研究』第9号、日本教育制度学会、2002年、など。
3　例えば、中留武昭『アメリカの学校評価に関する理論的・実証的研究』第一法規、1994年、高妻紳二郎『イギリス視学制度に関する研究』多賀出版、2007年。
4　自己評価・学校関係者評価・第三者評価の3つの機能を連動させた学校経営システムを追究するために国内の先導的事例と諸外国のシステムを考察するなどした最新の研究として、福本みちよ編著『学校評価システムの展開に関する実証的研究』玉川大学出版部、2013年2月、がある。
5　例えば、前田早苗『アメリカの大学基準成立史研究』東信堂、2003年など。
6　アメリカにおける高等教育と中等教育の発展に伴う認証評価の成立経緯などについて論じた論考としては、木岡一明「日本における学校評価の発達とアメリカからの影響―『大学評価』への発展を焦点として―」『現代学校研究論集』第10巻、京都教育大学教育経営研究会、1992年3月、64～66頁、があるが、アメリカの学校認証評価の実態そのものを論じてはいない。まとまった研究としては、中留武昭『ア

序　章　本書の問題意識と目的　17

　　メリカの学校評価に関する理論的・実証的研究』(第一法規、1994 年)があるが、
　　1994 年の発行で、近年の重要な動きを捉えてはいない。最近の動向を紹介したもの
　　として次の論考があるが、いずれもごく短文の動向紹介記事である。浜田博文「独
　　立機関による『アクレディテーション』と州テストに基づく『改善度』評定」『週
　　刊教育資料』No.990、日本教育新聞社/教育公論社、2007 年 7 月 26 日、14 〜 15
　　頁／照屋翔大「学校、教員だけでなく、教育行政も、機能改善に向けた評価の対象」『週
　　刊教育資料』No.1019、日本教育新聞社/教育公論社、2008 年 3 月 10 日、14 〜 15 頁。
7　例えば、窪田・木岡編著、前掲書。
8　地域協会別の認証校は、ニューイングランド：1,894 (2010 年 4 月)、ミドルステーツ：
　　約 3,200、北中部：約 8,500、南部：約 14,000、北西部：2,060 (2009-10 年度)、西部：
　　3,709 (2009 年 6 月)となっている。公立・私立の割合や学校種別の数値までは公
　　表されていないため、現時点ではこれ以上の詳細な数値は不明。また、州によって
　　認証校の占める割合には違いがあると推測されるが、統計資料をもとに概算すると、
　　およそ 2 〜 4 割程度の学校が認証校となっている。
9　本研究の共同研究者による論考として既刊のものは次のとおりである。大野裕己「ア
　　メリカにおける初等中等学校の認証評価 (accreditation) の事例研究」『現代学校経営
　　研究』第 23 巻、兵庫教育大学学校経営研究会、2011 年 3 月、23 〜 32 頁。照屋翔大「ア
　　メリカにおける学区を単位とした認証評価 (accreditation) の研究― AdvancED の
　　『学区認証評価』を中心に―」『日本教育行政学会年報』第 37 号、教育開発研究所、
　　2011 年 10 月、118 〜 134 頁。山下晃一「アメリカにおける州の教育アカウンタビ
　　リティ制度と学校認証評価―初等中等学校のアクレディテーション：ミシガン州の
　　事例―」『教育科学論集』第 15 巻、神戸大学発達科学部教育科学論コース、2011 年
　　3 月、1 〜 8 頁。浜田博文・竺沙知章・山下晃一・大野裕己・照屋翔大、「現代アメ
　　リカにおける初等中等学校の認証評価の動向と特徴―学校の評価と責任をめぐる動
　　向分析と理論的検討―」『教育学論集』第 9 号、筑波大学大学院人間総合科学研究
　　科教育基礎学専攻、2013 年 2 月、23 〜 61 頁。
10　浜田博文・竺沙知章・山下晃一・大野裕己・照屋翔大、「現代アメリカにおける初
　　等中等学校の認証評価 (accreditation) の動向と特徴」、日本教育経営学会第 50 回大
　　会発表資料 (静岡大学、2010 年 6 月 5 日)を参照。
11　浜田博文・竺沙知章・山下晃一・大野裕己・照屋翔大、「現代アメリカの初等中等
　　学校の認証評価の動向と特徴 (2) ―州アカウンタビリティシステムとの関係に着
　　目して―」、日本教育経営学会第 51 回大会発表資料 (日本大学、2011 年 6 月 5 日)
　　を参照。
12　浜田博文・竺沙知章・山下晃一・大野裕己・照屋翔大、「現代アメリカにおける初
　　等中等学校の認証評価の動向と特徴―学校の評価と責任をめぐる動向分析と理論的
　　検討―」『教育学論集』第 9 号、筑波大学大学院人間総合科学研究科教育基礎学専攻、
　　2013 年 2 月、23 〜 61 頁。
13　"Oxford Advanced Learner's Dictionary, Seventh Edition" Oxford University Press, 2005
　　(セイコー電子辞書 SR-G9000 収録版)。

13 3.「認証評価（accreditation）」の概念整理

14 前田、前掲書、5 〜 6 頁。
15 安藤幸一「アメリカの第三者大学評価制度・アクレディテーション」『大手前大学社会文化学部論集』第 6 号、2005 年、167 頁。
16 1932 年に 6 地域協会の事務局の幹事会議において中等学校の基準についての共同研究に着手することを決めた。(National Study of School Evaluation, *The First Fifty Years: Five Decades of Service to Education; A Brief History of the National Study of School Evaluation 1933-1983*, p.1)
17 Ridout, S.R. and Manlove, D.C., The Development of the National Study of School Evaluation's K-12 School Evaluative Criteria, 1987, ED289908
18 木岡によれば、「評価（evaluation）」も「学校評価」も戦前の日本では使用されておらず、戦後教育改革期以降にアメリカの影響を受けて使われ始めた用語だという（木岡一明「戦後期学校評価構想における文部省試案の位置―文部省試案作成に到る文献史的考察―」『日本教育経営学会紀要』第 25 号、55 〜 67 頁）。また、田中によれば、日本語の「教育評価」概念は第二次大戦後に英語の "evaluation" の邦訳として使用され始めたが、"evaluation" はアメリカにおいて 1920 年代に隆盛した "measurement" に対する批判を背景として 1930 年代に確立されたものである（田中耕治『教育評価』岩波書店、2008 年、15 〜 32 頁）。
19 アメリカにおける学校認証評価の歴史的変容などの観点からみれば、NSSE による活動や規準の変遷はたいへん興味深いし、過去の NSSE 作成の資料はそれを検討するための材料を多く含むと推察される。
20 Stoops, J. A. Accreditation in the United States: School in Guthrie, J. W. ed. *Encyclopedia of Education, second edition*. Macmillan, 2003. p.28.
21 たとえば、前田、前掲書の他に、金子忠史『新版変革期のアメリカ教育〔大学編〕』東信堂、1994 年、喜多村和之『新版大学評価とはなにか―自己点検・評価と基準認定―』東信堂、1993 年、中留武昭『アメリカの学校評価に関する理論的・実証的研究』第一法規、1995 年、日永龍彦「大学評価―第三者評価の理論と実際」日本教育経営学会編『大学・高等教育の経営戦略』玉川大学出版部、2000 年、157-173 頁、福留東士「米国におけるアクレディテーションのアウトカム評価」羽田貴史・米澤彰純・杉本和弘編著『高等教育質保証の国際比較』東信堂、2009 年、239-264 頁などを参照。
22 Stoops, J. A. *op. cit.*, p.28.
23 Rothstein, R., Jacobsen, R. and Wilder, T. *Grading Education: Getting Accountability Right*. 2008. p.125.
24 8 年研究の成果は、1940 年に「中等教育の評価規準（Secondary School Evaluative Criteria）」として出版された。また 1940 年以降は全米学校評価研究所（National Study of School Evaluation）に改称し地域協会の共同機関として 1990 年までおよそ 10 年間隔で評価規準を改訂（第 6 版まで）してきた。Stoops, J. A. *op. cit.* p.29 ならびに浜田博文「アメリカにおける学校認証評価（school accreditation）の仕組みと最近の動向」『戦略的学校評価システムの開発に関する比較研究』（研究代表者：小松郁夫、平成 19 年度〜 21 年度科学研究費補助金（基盤研究 (B)）研究成果報告書）、

2010年、75～76頁を参照。
25 この点について前田、前掲書、8頁は「政府奨学金受給資格というメリットを過度に重視するとアクレディテーションの本質を見誤る恐れがある」として、日本におけるアメリカのアクレディテーションに関する研究および理解に対して警笛を鳴らしている。実際に、前田が地域協会関係者にインタビューしたところ、「メリットは、政府が勝手につけたものであり、こちら側から要求したものではない、メリットを求めることは、規制を許すことになる」との回答を得たことが紹介されている。
26 Samuels, C. A. *School Accrediting Agency's Reach Questioned: Critics suggest group's voice in district governance is too intensive.* 2011. (Education Week 電子版 2011 年 4 月 46 日) http://www.edweek.org/ew/articles/2011/04/27/29sacs_ep.h30.html を参照（最終確認日：2011 年 5 月 9 日）。
27 Rothstein, R., Jacobsen, R. and Wilder, T. *op. cit.*, p.126.
28 Stoops, J. A. op. cit., p.29 は 1990 年の NSSE による評価規準の第 6 版はこのような考えのもとで改訂されたとしている。また AdvancED (2009: p.22) も 1985 年以降、アクレディテーションの焦点がインプットからプロセスへと変化したという認識を示している。
29 AdvancED. *re: Learning from accreditation.* 2009. p.22
30 Pence, K. The Accreditation Process: An Inside/Outside School Quality Review System. in Jones, K. ed. *Democratic School Accountability: A Model for School Improvement.* 2006. p.171
31 *Ibid.*, p.165
32 Rothstein, R., Jacobsen, R. and Wilder, T. *op. cit.*, p.130.
33 彼らは"accreditation"を「州教育局や地域ごとの教育サービスによって期待される質管理（quality control）のプロセスを強調する特別な教育に関する基準」として定義している。Mullen, C. A. and Stover, L. We Set Our Own Bar, or Do We?: Developing and Complying with Accreditation Standards for School Improvement. in Kincheloe, J. L. and Weil, D. ed. *Standards and Schooling in the United States: An Encyclopedia volume three.* 2001. p.829. を参照。
34 Pence, K. *op. cit.*, p.163
35 Samuels, C. A. *op. cit.*
36 たとえば金子、前掲書、100 頁は「資格認定（筆者注：アクレディテーション）とは、ある教育機関またはプログラムが、権能のある機関あるいは団体によって設定された充実性、あるいは優秀性を示す標準、または基準を満たしてきたと評価され、また、社会的に公認されるプロセスであり、その団体の構成機関の資格を獲得することである」と定義している。また佐藤は地域協会によるアクレディテーションの取り組みが、その成立背景として「質の低い機関を排除する」という意味合いを有していたことを明らかにしている。佐藤仁「米国教員養成機関によるアクレディテーションの選択理由―「自発的な質保証としての意義に着目して―」日本比較教育学会編『比較教育学研究』第 34 号、東信堂、2007 年、67 頁を参照。

第1章　地域協会による認証評価の発展と特徴

1．各地域協会の活動と学校認証評価の仕組み

(1) ニューイングランド協会 (NEASC)

①NEASC の設立と展開

　ニューイングランド協会（New England Association of Schools & Colleges, Inc. NEASC）は、19世紀後半にニューイングランド地域のカレッジ、プレパラトリースクール関係者間で大学進学要件の統一性の課題が認識される状況下で、カレッジとプレパラトリースクールの代表者の会合により設立された（1885年）。設立当初の名称は "The New England Association of Colleges and Preparatory Schools" であり、その目的は「カレッジとプレパラトリースクールの共通利益の助長により、リベラルエデュケーションの進展を期する」ことに置かれた[1]。設立当初、協会の取組はカレッジ進学要件、中等学校・大学基準の検討を主軸とする一方、認証評価の実施には消極的なスタンスを取っていた。しかし、第二次大戦後、復員軍人復学法等成立に伴う連邦政府からの要求（復学先機関への政府補助金支給には当該機関の水準にかかる認定が必要）の強まりを背景に、1952年、協会は認証評価の実施を決定した[2]。

　認証評価活動の着手後、協会は対象校種を大学や中等学校以外にも順次拡大し、1971年に協会名称を、現行の "New England Association of Schools & Colleges, Inc." に変更している[3]。協会の現在の中核的使命は、「基準の開発・

適用、就学前から中等以後までの教育機関の教育的効果の測定を通じて公共及び教育コミュニティに奉仕すること」[4]としている。

同協会の対象地域は、ニューイングランド地域6州（コネチカット、メイン、マサチューセッツ、ニューハンプシャー、ロードアイランド、バーモント）であるが、アメリカンスクールやインターナショナルスクール等の海外学校の加盟も受け入れている。2011年時点で認証校は1879校（公立初等・ミドル校98、公立中等学校650、中等以後245、技術教育89、私立615、海外諸学校182）である[5]。

同協会の組織体制としては、各地域の代表者からなる理事会（25名）のもとに、開発・政策の二つの委員会と、一定程度の自律性を持ち各校種別の基準策定・認証等を行うコミッション[6]が置かれている。同協会のコミッションは、1927年に高等教育機関部門（CIHE）・公立中等学校部門（CPSS）・私立学校部門（CIS）の3部門の設置を発端に、1970年に職業・技術教育校部門（CTCI）、1978年に海外学校部門（CAISA）、1985年に公立初等学校部門（CPEM、2001年よりミドルスクールも担当）と漸次拡大してきた。なお、同協会の本部は、2011年現在マサチューセッツ州ベッドフォードにあり、43名の本部職員が協会の日常業務に従事している（なお、本稿は2012年9月末までに確認できた情報で執筆しているが、脱稿後の2012年10月、同協会はCPSS、CPEM、CTCIの三部門を統合し、公立学校部門（CPS）を設立した。以上の旧三部門はコミッティの位置づけとなり、協会は4コミッション体制となった。また、2013年、協会は本部オフィスを同州バーリントンに移している）。

② NEASCの認証評価の仕組みと手続き

次に、同協会の認証評価についてみてみる。NEASCの認証評価では基本的に、認証を受ける学校の教職員による「セルフ・スタディ」、訪問評価チームによる「訪問評価」、訪問評価後の「フォローアップ」の三段階による10年一単位サイクルが採用されている。

認証評価で用いられる基準は各コミッションで対象校種ごとに準備されているが（5年を目安に基準を改定することとされている）、公立のエレメンタリー

表 1-1-1　NEASC 認証評価基準

初等学校向け基準（2005 年版）
教授・学習の基準群 1. ミッションと期待（Mission and Expectations） 2. カリキュラム（Curriculum） 3. 授業（Instruction） 4. 評価（Assessment） **支援要因の基準群** 5. リーダーシップと組織（Leadership and Organization） 6. 学習のための学校の資源（School Resources for Learning） 7. 学習のための地域の資源（Community Resources for Learning）

スクール、ミドルスクール、ハイスクール向け基準については、基本枠組みは概ね共通のものとなっている[7]。表 1-1-1 に 2005 年版エレメンタリースクール向け基準を掲げたが、同基準は、「教授・学習の基準群」「支援要因の基準群」に大別される 7 基準領域（各領域に 6-13 の具体的項目が設定）で構成されており、認証評価に際して、ミッションに照らした質の高い学習機会の保障とそのための資源や組織運営の整備の双方を重視する、近年の協会の意図をみることができよう。

　初回認証の場合、認証評価を受ける学校は協会に登録し認証候補校審査を受けた後、校内に評価運営委員会を組織し約 18 ヶ月をかけて、上記基準分野に照らした自己評価を行い、報告書をコミッションに提出する〔セルフ・スタディ〕。その後約 1 年の間に、コミッションが指名した評価者のチームが 3.5 日の当該校への訪問評価を行い、評価報告書をコミッションに提出することになっている〔訪問評価〕。コミッションは、訪問評価チームの報告を受け、「継続認証（continued accreditation status）」「警告認証（warning status）」「介入認証（probation status）」のいずれかを判断する。認証を受けた学校は、訪問評価報告書の内容に基づき改善行動を実施し、2 年・5 年時点で改善進捗報告書をコミッションに提出するほか、認証評価の結果次第で特別の報告書提出が求められる場合がある。コミッションはそれらを継続的に点検し、必

要に応じて助言も行う〔フォローアップ〕。そして各認証校には、認証後10年以内に次回認証を受けることが要請される。

　訪問評価チームには、コミッションに登録された16,000人の登録者から、エレメンタリースクール認証の場合一校あたり7名、ミドルスクール12名、ハイスクール15名が指名される。訪問チームは他州の登録者を中心に構成され、事前に団長がメンバーに評価者研修を行う[8]。訪問評価報告書は概ね60頁ほどの分量で、「観察結果」「称賛（commendations）」「改善のための勧告（recommendations）」を盛り込んだ内容とし、報告書の各所の結論を導出する際には必ず3つ以上のエビデンスを用いること、報告書の内容は全会一致で決定することが定められている。

　なお、認証校は、各年度において定められた年会費（2009/2010年度の公立初等学校部門コミッションの年会費は1340ドル）を支払うほか、訪問評価実施年度には運営費相当分を拠出する[9]。コミッションは認証評価を受ける学校に対して、セルフ・スタディの方法に関するガイドラインや資料をオンラインで提供するほか、候補校に専門職員を割り当て自己評価の円滑な実施、自己評価報告書の記入方法等についての支援に当たらせている。さらに、電話等・直接訪問によるコンサルティングの実施、また教職員に対する研修実施など、認証を受けようとする学校に対する多様な支援活動を実施している。

③NEASC（CPEMS）のエレメンタリー・ミドルスクール認証評価の実態

　先に述べたように、NEASCには公立初等学校部門コミッション（CPEMS）が置かれ、エレメンタリー・ミドルスクールの認証評価を担当している。同コミッションは、協会メンバーのリストによると、2009年7月時点では5州106校の認証校を擁していたが、2012年9月時点では4州75校と、その数を減らしている。現在ロードアイランド・バーモント両州には認証校の存在が確認できないほか、他4州についても、認証校数は州内全公立校の数%程度に留まる[10]。同協会が比較的最近にエレメンタリー・ミドルスクール対象の認証評価を導入したにもかかわらず消極的な実施状況となっているこ

と、さらにここ数年退潮傾向がうかがわれる点には注意を要する。これらの校種の認証評価の協会における意義の認識と、学校現場における受容に落差が生じている要因について、他地域協会との比較や関連施策の文脈の影響などの掘り下げた分析が必要と指摘できる。

(2) ミドルステーツ協会（MSACS）

① MSACS の設立と展開

ミドルステーツ協会（Middle States Association of Colleges and Schools, MSACS）は、1887 年、近隣地域でのカレッジ財産税課税に反対する学長会議の場で、就学前～高等教育までの諸学校が混乱状態に陥っていることの共通理解が深まったことを背景に設立された。協会の設立時の名称は Association of the Colleges and Secondary Schools of the Middle States and Maryland であり、その目的は、1）カレッジ進学要件の基準作成、2）進学予備教育を行う学校に求める特性の研究、3）カレッジ・学校両者の教科課程充実、4）カレッジ・学校・政府間の関係強化、5）組織ガバナンスのベストプラクティスの研究と普及とされた[11]。MSACS は、1919 年の高等教育コミッション設立時に本格的な認証評価を開始したが、以来認証評価に大きな軸足を置いて活動してきた点を、協会ウェブサイト等で強くアピールしている。その後 1975 年、初等学校段階等の認証評価への関心の高まりを背景に、協会名称を現在のものに変更した。なお、同協会の現在の目的は、「教育の卓越性・効果の基準策定や、学校・大学との共同確立を通じて、教育の質・水準の維持・支援・増進を図ること」としている[12]。

同協会の対象地域は、中部大西洋岸 5 州（デラウェア、メリーランド、ニュージャージー、ニューヨーク、ペンシルバニア）とコロンビア特別区、プエルトリコ、バージン諸島であり、その他中東・アフリカを中心に海外学校も受け入れている（認証校数は、2009/2010 年度で約 3200 校にのぼる[13]）。2010 年現在、協会本部は、ペンシルバニア州フィラデルフィアに置かれている。

MSACS の組織構造（2010 年段階）は、理事会のもとに本部事務局・運営

第 1 章　地域協会による認証評価の発展と特徴　25

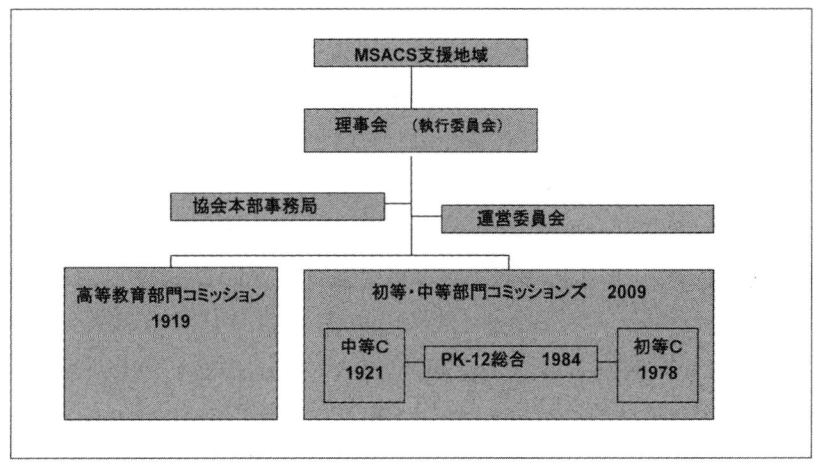

図 1-1-1　MSACS の運営構造
注：2010 年 3 月 2 日の同協会訪問において、初等部門ディレクターより提供された資料（2010 年 2 月、初等部門新任コミッショナー研修で使用された説明資料）を翻訳したもの。

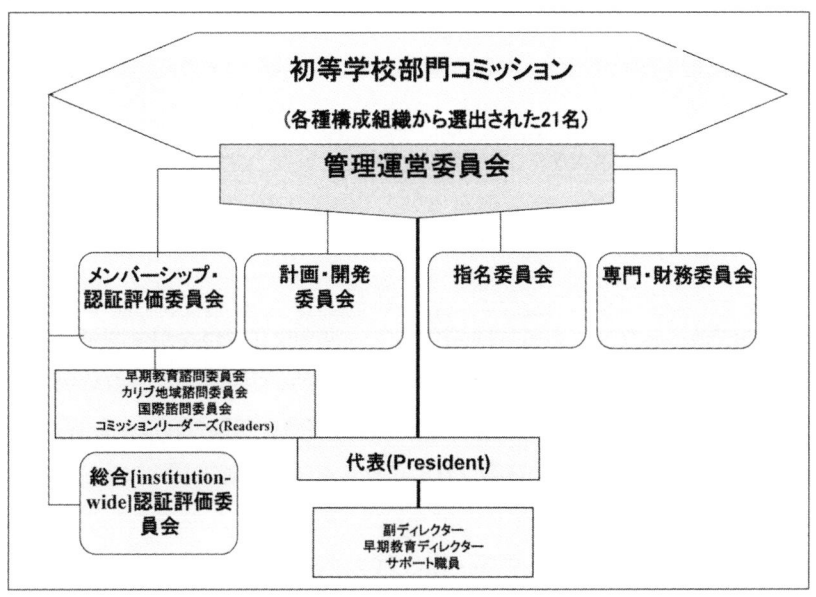

図 1-1-2　MSA 初等教育部門（2010 年春）のコミッション組織構造
注：出典は図 1-1-1 と同じ。

委員会及び学校段階別のコミッション[14]が置かれ、各コミッションは一定の組織的自律性をもって認証評価を実施している。同協会のコミッションは、1919年に高等教育部門（CHE）、1921年に中等学校部門（CSS）が相次いで設置された後、1978年に初等学校部門（CES）が新設、さらに1984年には初等・中等両部門の架橋組織として、一貫教育の認証評価に対応する総合部門（Institution-wide）が設置された。各コミッションでは、構成機関から選出されたコミッショナー組織のもと、運営委員会及び常置委員会などの内部組織を整備し、公私・国内外の別なく認証評価を実施している。同協会では従来から、初等・中等の両部門が緊密に連携して活動してきたが[15]、1984年の総合部門設置や、2009年における「初等・中等部門コミッションズ」設置など、コミッションの機能連携や統合の動きが顕著である。その背景には、学区や、一貫教育・出生後の教育に関わる各種機関へのワンストップ型の認証評価サービスを実現したいとの、協会の戦略を読み取ることができる（なお、2010年の協会への訪問調査では、協会は出生後教育機関に対する認証評価の必要性が高まると予測しており、今後注力したいとの見解が示された）。

② MSACSの認証評価の仕組みと手続き

　MSACSの認証評価については、1950年代より10年を一単位とするサイクルが採用されている。現在の認証サイクルの基本構成は、「登録・候補校認定」「セルフ・スタディ」「訪問チーム評価」「コミッション読会・認証」「認証維持活動」となっている。同協会では、学校改善につながる認証評価を実現するとの意思で、「認証評価基準の遵守（The Standards）」、「継続的改善（Continuous Improvement）」、「約束を果たすこと／質の保障（Deliver on Promises/Quality Assurance）」の3点が重視され、これらを認証評価の具体的手続きに投影させている[16]。

　認証評価基準は、初等・中等・総合両コミッション（2007年改定版）の実施分の場合、基本的に共通のものが用いられている。つまり、12基準領域と各領域の指標（indicator）の大半は全校種共通であるが、一部校種等（私立

学校、幼年教育機関・遠隔教育機関）向けの指標が別に若干数設けられ、校種等の特性への対応が図られている[17]。

認証校・機関は、規模に応じて各年度 350 〜 2000 ドルを会費として拠出する。認証を受ける学校は、登録・候補校認定の後 3 年以内に、コミッションが認可した数種類の自己評価・計画プロトコル[18]の一つを用いて自己評価を行い（約 1 年）、改善計画までを含む報告書を提出しなければならない〔セルフ・スタディ〕。報告書には、①児童生徒がどのように伸びていくかのビジョン、②児童生徒が学校でどのような学びをしているかの実際、③将来の改善計画の三点が記されなければならず、これらはテスト結果や大学進学率、保護者・児童生徒の意識調査結果など、多角的なデータで根拠付けなければならない。報告書は 100 頁を超える大部のものとなることが多く、協会は現在ペーパーレス化の方法について研究を進めているとのことであった。

セルフ・スタディの報告書が協会に受理されると、訪問評価チーム（概ね 5 〜 10 人で、その大半は現職・元職の教育者より選出）による評価が行われる〔訪問チーム評価〕。訪問評価は概ね 3.5 日で行われ、日程は基本的に①記録の精査、②インタビュー実施、③授業参観、④チームメンバー打ち合わせ、⑤

表 1-1-2　MSACS 認証評価基準（初等・中等・総合部門）

基盤的基準群（Foundational Standards）
 1. 理念 / ミッション（Philosophy / Mission）
 2. ガバナンスとリーダーシップ（Governance and Leadership）
 3. 学校改善計画づくり（School Improvement Planning）
 4. 財政（Finances）
 5. 施設（Facilities）
 6. 学校の風土と組織（School Climate and Organization）

運営基準群（Operational Standards）
 7. 健康と安全（Health and Safety）
 8. 教育プログラム（Educational Program）
 9. 生徒の学習の評価と証拠（Assessment and Evidence of Student Learning）
10. 児童生徒サービス（Student Services）
11. 生徒の生活・活動（Student Life and Student Activities）
12. 情報資源と技術（Information Resources and Technology）

担当部分の所見提出を含む。訪問評価の後、チーム代表のとりまとめで評価報告書が作成・提出されるが、報告書には認証校の基準適合状況のほか、強みを持つ分野や改善を要する分野の状況、生徒の達成度や組織改善計画に関する分析所見を記載することが要請されている。

　コミッションは、報告書提出後18ヶ月以内にコミッション内部で読会を行い、いくつかの段階で認証を判定する〔コミッション読会・認証〕。判定の段階としては、継続校向けには「認証（Accreditation）」「条件付き認証（Accreditation with Stipulations）」「介入認証（Probationary Accreditation）」「認証解除（Removal of Accreditation）」、初回候補校向けには「認証」「期限付き認証（Limited Term Accreditation）」「認証延期（Accreditation Postponed）」「否認（Accreditation Denied）」[19]が用意されている。認証の有効期間は標準7年であり、認証校には中間時点訪問をはじめ、進捗報告・特別報告等の提出が個別に課される〔認証維持活動〕。

　MSACS(CES)は、認証評価の質向上や認証を通じた組織改善を実現する意図から、3名の専門職員（Agent for Responsibility。なお、コミッション本部職員は全14名）を雇用し、認証校へのコンサルティング活動を担わせている。その他にも、コミッションは認証校や自己評価の主担者に対して、オンラインでの組織分析ツールや各認証校データベースの提供、研修機会の提供を行っている。有料のサービスも少なくない。

③MSACSのエレメンタリー・ミドルスクール段階認証評価の実態

　MSACSによるエレメンタリー・ミドルスクール対象の認証評価は、公立学校や学区の現場ではどのような実態で行われているのか。ここでは、協会本部のあるペンシルベニア州のケースを取りあげて若干の考察を試みたい[20]。

　現在、ペンシルベニア州内の学区数は500、公立初等中等学校は約3,000であることが確認できる[21]。これに対するMSACS認証校数（2010年度）は、協会ウェブサイト上の検索システムを確認する限りでは約300校（うちハイ

スクールが約 220 校）であった[22]。つまり、州内公立校数との対照で言えば、大学進学の出願要件として認証が求められるハイスクール以外の校種では、MSACS 認証評価は 10％程度をカバーするにとどまり、一定程度の普及は見られるものの、趨勢とまでは言いがたい。

　この点と関わり、筆者は、2010 年 11 月に MSACS 認証を受けている州内の複数の学校・学区当局を訪問し、関係者に認証評価の有用性についての聞き取りの機会を得た[23]。これによると、各認証校では、コーディネーターを中心に評価体制を組織化し、多くの教職員が学校の取組の点検・改善策立案に関わる機会を創り出していた。また各認証校・学区関係者からは、認証評価を「自分たちの学校の変化を外部の視点で判断してもらえる重要な機会」（サスケハンナタウンシップ（Susquehanna Township）ハイスクール副校長）と意味づける見解や、その結果を地域コミュニティに対するアピール・説明や、州の要求する学区改善計画策定の根拠資料に積極的に活用しているといった見解（アッパーダブリン（Upper Dublin）学区教育長）が示された。

　一方、同州では児童生徒（全体・属性別）の州テスト結果・退学率・卒業率で一定水準の達成を各学校に義務づける教育アカウンタビリティ制度が徹底していることから、特に小・中学校段階の学校・学区関係者からは、その水準をクリアする限りは、セルフ・スタディ報告書作成や学校関係者対象の調査に多くの時間とエネルギーを投入する丁寧な認証評価に格別の意味を見いだしにくくなっている（率直には撤退も考えつつある）、との葛藤混じりの見解も示された（アッパーダブリン学区教育長）。以上の訪問調査結果はサンプル数が少なく、考察上の限界を有するものの、本書で検討する認証評価の意義・有効性や現代的課題の双方について関心深い情報を示すものと受け止められる。

＊　＊　＊

　ここまで、ニューイングランドとミドルステーツの二つの地域協会の認証評価を確認してきたが、両協会は管轄区域の公立エレメンタリー・ミドルスクールには十分に浸透しているとは言いがたい。後に紹介する AdvancED

(NCA CASI, SACS CASI)の管轄地域の受容と比してもやや対照的な状況にあると思量される。どのような要因が両者の差をもたらしているか、アメリカにおける認証評価の現代的意義や機能変容を視野においた検討が必要と思われる。ニューイングランド・ミドルステーツ両協会の管轄地域の教育政策（アカウンタビリティ制度）の特性、同協会の相対的に伝統的な認証評価のスタイルを重視する指向性（認証評価項目の多さなどに現れる「丁寧な認証」を重視していること、学区システム全体の認証評価や直接的な改善支援には抑制的であること）が、学校・学区の受容に影響を与えている可能性が考えられるが、推測の域を出ない。これらの点の詳細は、今後検討してみたい。

(1章1(1)・(2) 大野裕己)

(3) 北中部協会（NCA）

①協会の概要

北中部協会（North Central Association：NCA）は1895年に創設された。その目的は「北中部の州における大学と中等学校の密接な関係を打ち立てること」と記されている[24]。背景には、中等学校と高等教育機関の関係者間において、大学入学要件や中等学校の教育条件をめぐる不協和を建設的に解消する等のねらいもあったと指摘される[25]。

後に詳述するように、北中部協会のうち初等中等学校を対象とする部門は南部協会との統合によって新たな組織へと変化を遂げており、実質的には地域団体としてのまとまりと機能は終止符を打たれたとも言える。認証評価時に用いる組織名称や認証票（seal）等、対外的・社会的な存在感を示す際に必要・有効と思われるいくつかの要素については、未だ表面上は流通し、あるいは痕跡も残されてはいるものの、協会としての実質的な活動は新組織の統御下にある。ここでは、他の地域協会との比較を念頭に置きながら、主に統合前までの状況について述べていく。

同協会が所管する対象範囲は、いわゆるMidwestの12州であった。すなわち、イリノイ、インディアナ、アイオワ、カンザス、ミシガン、ミネソ

タ、ミズーリ、ネブラスカ、ノースダコタ、オハイオ、サウスダコタ、ウィスコンシン、さらにこれらの周辺の7州、アーカンソー、アリゾナ、コロラド、ニューメキシコ、オクラホマ、ウエストバージニア、ワイオミングを含む。これに加えて、アメリカ国防総省教育本部（DoDEA：Department of Defense Education Activity）の学校と、先住民族の準自治領であるナバホネイション（Navajo Nation）の学校を所管していた。

統合直前の 2006 年当時における認証学校数は合計約 8,500 校で[26]、その内訳は、初等学校約 3,400 校、中等学校約 3,000 校、ミドルスクール約 1,000 校、残りがその他の種類の学校（通信教育課程等）となっている。参考までに、同協会が所管対象とする州における全ての学校数を合計すれば、公立初等学校約 23,700 校、公立中等学校約 9,900 校、私立約 9,700 校となる[27]。

なお、同協会の加盟手続き、認証評価の流れ、そのスタンダード等の基本的情報については後述の新組織と同様であるため、説明はそちらに譲る。

②協会の設立経緯

次に、同協会の初等中等学校担当部門の設立経緯に触れておく。1901 年、同協会内に中等学校を所管する学校コミッション（COS：the Commission on Schools）が設置された。その目的は「個々の生徒のニーズや利益、能力を満たす教育プログラムを、学校が発展・維持・継続的改善するよう促進・支援し、教育プログラムとその進め方が、社会と子ども・青少年の高まりゆくニーズに適合するよう加盟校に促す」ことであった[28]。以後、学校コミッションと高等教育機関コミッション（CIHE：the Commission on Institutions of Higher Education）が並立する体制となる。

学校コミッションが上記目的を達成する際に重要な活動の両輪として位置づけられたのが、認証評価と学校評価である。他の地域協会では認証評価の概念と学校評価の概念がしばしば同義的に用いられるが、北中部協会では以下のような識別を前提としていた[29]。

認証評価は次のように定義される。「認証評価は、基本的には自己管理

(self-regulation) のためのボランタリーなシステムである。認証評価に関する諸決定は、別個の閾値的なスタンダード（discrete threshold standards）に基づいて行われる。そのスタンダードは、メンバーシップの獲得あるいは維持を目指す、すべての学校の必須条件として作られてきたものである」。

他方、学校評価は「学校の質について厳格かつ継続的に探求（quest）することを意味する。それは、自己評価（self-study）と訪問チーム（の評価）から成るプロセスである。各学校は、自らの現在の目的（purposes）・目標（goals）・活動を吟味（review）するために、また、依頼人（clientele）に対するサービスの質を、自ら改善できるような将来の活動を計画するために、責任を持ってこのプロセスに取り組む」とされる。

学校評価が各校の掲げる目標等の相違に即した、それぞれが高みを目指すための個別的反省的営為であるのに対して、認証評価は、学校評価の結果如何にかかわらず、あくまで協会の設定するスタンダードをどの程度満たしているかに基づくものであることが強調されている。同コミッションには、認証評価に向けた「質の高い学校のための最小限の必須条件」としてのスタンダードの設定や、学校評価のための『指針とガイドライン』の開発・刊行等を通じて、二つの責務を統合的に果たすことが期待されたのであった。

③対象校の拡大と組織的課題

北中部協会の学校コミッションの所管対象校は1975年に拡大され、それまでの中等学校に加えて、初等学校の加盟も認められるようになった[30]。1980年に入ると大学および学校の二つのコミッションの本拠地が分離し、やがて両者は、依然NCAという名を共通に冠するものの、ほぼ別組織として活動する度合いを強めていく。

2000年、学校コミッションは名称変更を行い、「学校認証評価・改善コミッション（NCA CASI：The Commission on Accreditation and School Improvement）」とされた。この名称変更から読み取れるのは、同協会の活動の軸足が、認証評価の側面から学校改善の側面へと次第に移り始めたことである。

2006年には、NCA CASIと南部協会の学校認証評価・改善コミッション（SACS CASI）、および全米学校評価研究所（National Study of School Evaluation）の三組織が統合して、後述の「AdvancED（アドバンスエド）」という単一組織が結成された[31]。統合後もNCA CASIの名称は残され、AdvancEDの学校認証評価部門として活動を継続している。なお同協会の高等教育部門（現名称：高等教育コミッション Higher Learning Commission）とは、やはり別活動をしている模様である。

 さて、NCA CASIは南部協会との統合直前に、認証評価と協会組織自身が直面する現状について列挙した[32]。そこには、アメリカにおける認証評価・学校評価の今日的課題が浮かび上がっている。13に及び列挙される項目は、以下の5つの視点にまとめられる。

 第一に、前提的認識として現代アメリカにおける公教育を取り巻く状況が述べられる。すなわち、学校卒業者に国際的競争力の習得が求められること、教育の国家目標や比較可能な成績共通化への要請が高いこと、NCLBの実施によりアカウンタビリティが注目されること、バウチャー・チャーター・私事化等の競争的環境が強まっていることである。

 第二に、教育行政・政策の課題の転換として、公立学校は依然として全ての児童生徒を教育して結果を示すことを期待されているが、その方途としてスタンダード充足要求への応答が必要になっており、特に州の役割・存在感が高まるにつれて、多くの州教委が、単なる学校への監視活動からその機能を転換して、学校へのサービス供給や支援・促進を試み始めている、という認識が示される。

 第三に、上記2点の状況認識の下で、協会組織自身が直面する課題について言及している。その一つ目に、喫緊の課題として組織基盤の脆弱化という危機意識が示される。特に協会の財源について、1990年代頃まで続いた州教委や大学等からの資金支援が途絶え、加盟校増による会費収入に依存せざるを得なくなった。他方で、これまで認証評価は暗黙のうちに地域協会ごとの棲み分けに従っていたが、近年、例えば州教委や他の認証評価組織が「競

合相手」として進出してきた、との懸念も述べられている。

　第四に、認証評価自体が抱える課題として、スタンダード充足を確認する行政・政策の展開と認証評価とが重複しがちなこと、学校・教員の責務への評価から児童・生徒の学業成績向上へと認証評価への要求がシフトする中で業務が複雑化していること、さらに行政官・教職員等の世代交代によって評価者の人員確保が困難になること、そして新規人員に対する自分たちの認知度の低さ、等が挙げられる。

　第五に、認証評価に加えて学校改善もという協会の組織使命・役割の転換が述べられる。すなわち、今や各学校には結果駆動型（result-driven）の評価システムが導入されつつあり、それに対する支援、ベストプラクティスの提示等が必要になっていることや、生徒の成績に焦点化した改善モデルへのシフトを意識した教職員および評価者の研修が不可欠なこと、それら課題への対応に際しては最新のIT技術の利用が重要なこと等を指摘している。同時に、こうした複合的な課題に直面することによって、協会の本来の責務である各校のスタンダード遵守を監視する能力が、制約されているという危惧も示す。

　以上のことからすれば、北中部協会では、1990年代から2000年代にかけて、教育界の環境変容についての意識が強く、いかなる形でそれに対応・適応していくかということが集中的に議論されたことが見て取れる。このことが後に詳しく見る組織再編につながり、また認証評価組織が学校改善支援をも担うという特色を色濃く発揮するきっかけにもなったものと思われる。

(1章1(3)　山下晃一)

(4) 南部協会（SACS）

　南部協会（Southern Association of Colleges and Schools：SACS）は、1895年に非営利（non-profit）、ボランタリー（voluntary）、非政府（non-governmental）的な組織として創設された[33]。SACSが所管する地域は、南部11州—アラバマ、フロリダ、ジョージア、ケンタッキー、ルイジアナ、ミシシッピ、ノースカ

ロライナ、サウスカロライナ、テネシー、テキサス、ヴァージニアの他に、メキシコや中南米、カリブ諸島である。SACS 創設の目的は、「南部およびその他の地域における教育の質を認証評価の過程を通して改善させる」ことにあった。

SACS は認証評価を、「評価（evaluation）の体系的（systemic）なプログラムと教育の基準（standard、criteria）の適用を通じた協会としての（institutional）改善プロセス」[34]と定義している。また SACS による認定評価では、「規定された基準を満たしているかということだけでなく、質の高い教育プログラムを提供し続け、継続的な改善に取り組んでいるということを示すこと」[35]が重視されていた。

SACS の設立は、ヴァンダービルト大学(テネシー州)の強い働きかけにより、南部地域の 6 大学が集まったことを起源とする[36]。ジョージア州アトランタで開催された設立に関する第一回目の会合（1895 年 11 月 6 日）では、認証評価の実施に関わり次の 3 点が話し合われ、採用された。①南部地域の学校と大学における協力・相互援助のための組織づくり、②奨学金の基準と入学資格に関する有効な均一性の向上、③私立高校（preparatory school）の大学入学準備を高める基準の開発である。ここから、南部地域での認証評価が高校と大学間の接続の問題を背景にしつつ展開していったことがうかがえる。

その後 SACS は学校段階ごとのコミッションを創設しながら発展してきた。1912 年に中等教育およびミドルスクールコミッション（the Commission on Secondary and Middle Schools）、1919 年には大学コミッション（the Commission on Colleges）、1965 年には小学校およびミドルスクールコミッション（the Commission on Elementary and Middle Schools）がそれぞれ創設された。ここで着目すべきは、2004 年に、小学校・ミドルスクール・中等教育のコミッションが統合して、CASI(The Commission on Accreditation and School Improvement：認証評価と学校改善のコミッション）という新たなコミッションへと再組織化されたことである。SACS CASI は、「学校および学区が生徒の学びを改善できるように認証評価を通して手助けをする」をミッションに掲げ、南部 11 州

およびラテンアメリカ等を所管地域としながら、就学前 (pre-kindergarten)、K-12、職業学校の計 13,000 校以上の学校および学区 (school system) を対象に認証評価を実施する組織となった[37]。

このような組織再編などの結果、現在の SACS は CASI と高等教育コミッション (Commission on Colleges) の 2 部門で構成されている。ただし、既に述べてきたように、SACS CASI は現在のところ AdvancED の中で、従来担当してきた南部諸州等での認証評価を担当する部門として位置づけ直されている。そのため、CASI と高等教育コミッションはそれぞれに独立して活動している。

(1 章 1 (4) 照屋翔大)

(5) 北西部協会 (NWAC)[38]

①協会の設立と展開

北西部学校認証評価協会 (Northwest Accreditation Commission：NWAC) は、1917 年に、「北西地域の中等学校と高等教育機関の個別的ならびに共通の利益をともに助長し、両者のより密接な協力を促す」(当時の規約) ことを目的として設立された[39]。アメリカにおける地域別の学校認証評価のための任意協会としては、19 世紀末までに創設されていたニューイングランド、ミドルステート、北中部、および南部の各協会に次いで、第 5 番目の設立であった。

毎年開催されていた北西部教員協会 (The Inland Empire Teachers' Association：IETA)[40] の年次会議で、1913 年頃から、北中部協会 (NCA) の活動を参照して中等学校と高等教育機関の共通利益を促すための組織の必要性が議論された。そこでは、協会創設に賛同する意見の一方で、硬直した基準の強制など官僚主義的な組織が北西部教員協会の緩やかな性質を崩してしまうのではないかという反対意見もあったとされる。しかし、1916 年には中等学校と高等教育機関の代表者による合同会議で協会設立への支持が確認されるなどして創設の基盤が形成された。そうして、翌 1917 年 4 月、前掲の目的を盛り

込んだ規約が承認され協会の創設に至った[41]。設立当初、加盟校数は中等学校 25 校、高等教育機関 8 校であった[42]。

当初の名称は"Northwest Association of Secondary and Higher Schools"で、アイダホ、モンタナ、オレゴン、ワシントンの 4 州の中等学校と高等教育機関を対象としていたが、1936 年までに、カリフォルニア、ネバダ、ユタの各州およびアラスカ、ハワイの 2 地域も対象範囲に加えられた[43]。当初の規約には対象地域が明記されていなかったので、モンタナ州は 1950 年まで北中部協会と重複した状態にあった。1949 年の規約改正の際に、対象範囲が初めて明記された。すなわち、モンタナ、アイダホ、ユタ、ネバダ、ワシントン、オレゴン、カリフォルニア、アラスカ、ハワイ、西部カナダおよび極東である。だが、1967 年にカリフォルニアとハワイの両州はすべて西部協会へと移行し[44]、以後、アラスカ、アイダホ、モンタナ、ネバダ、オレゴン、ユタ、ワシントンの 7 州が北西部協会の対象範囲とされた。

協会の名称は、1974 年に"Northwest Association of Schools and Colleges"、2001 年に"Northwest Association of Schools and Colleges and Universities"と変更されてきた。協会内には高等教育機関と初等中等教育機関のコミッション(commission)が別々に設けられていたが、1994 年までは年次会議等は合同で開催されていた。しかし、1990 年代に入ると財政、年次会議の開催、規約、建物使用などの点で両者は分離性を高めていった。そうして、2004 年に両委員会は"Northwest Commission on Colleges and Universities(NWCCU)"(本部はワシントン州レッドモンド)[45]と"Northwest Association of Accredited Schools (NAAS)"(本部はアイダホ州ボイシー)に分離独立した[46]。

このときの同協会のミッションステートメントには、「北西部学校認証評価協会のミッションは、認証評価(accreditation)の手続きを通じて教育の卓越性を促進することである」と記されている[47]。また、基本定款(Articles of Incorporation)第 3 条には機関の目的が以下のように定められている[48]。

1. 本組織は専ら教育のためのものである。北西部地域、すなわちアラスカ、アイダホ、モンタナ、ネバダ、オレゴン、ユタ、ワシントンの各州、

および理事会で適宜指定された地理的範囲にある学校において教育という大きな目標を促進するものである。
2. 教育のための機会とサービスを拡大・改善するように諸基準（standards）と活動を開発すること。
3. 活力ある教育の取り組みを継続して刺激し、評価し、認証するような評価規準（criteria）を開発すること。
4. それらの目的を達成するために学校間の協力的な関係を促進すること。
5. 本条に定められている目的を達成するために好都合で、必要で、適切なことをすべて行うこと。

②協会の組織

2010年当時における協会の組織はおよそ図1-1-3のようになっていた[49]。会則（Bylaws）[50]によれば、協会の組織は、コミッション（Commission）、各州教育局（State Departments of Education）、および各学校によって構成される。コミッションの役員は会長（President）1名、第一副会長（First Vice President）1名、第二副会長（Second Vice President）1名から成る。すべて任期は2年間である。第一副会長は任期2年間を務めた後に会長に就任することを前提とし、委員会構成員による無記名投票で選挙される。第二副会長は、会長が2年間の任期を務めた後に就くポジションである。コミッションのメンバーは、加盟する学校又は州教育局の常勤職員、州教育委員会の委員、認証を受けている高等教育機関の職員、認証校を擁する学区の管理職から成る。

加盟する州にはそれぞれ、州認証評価委員会（State Accreditation Committee：SAC）が置かれる。SACは4名で構成され、そのうち1名は州教育局（State Department of Education）又は州教育委員会（State Board of Education）の代表である。また半数以上を学校現場の職員が占め、小学校・中学校・高等学校等の学校類型のバランスをとるのが望ましいとされる。SAC委員4名のうち1名が議長（Chair）を務め、各州SACの議長は、協会の会長、二人の副会長とともに理事会を構成し、協会全体の運営に責任を負う。また、SACは自

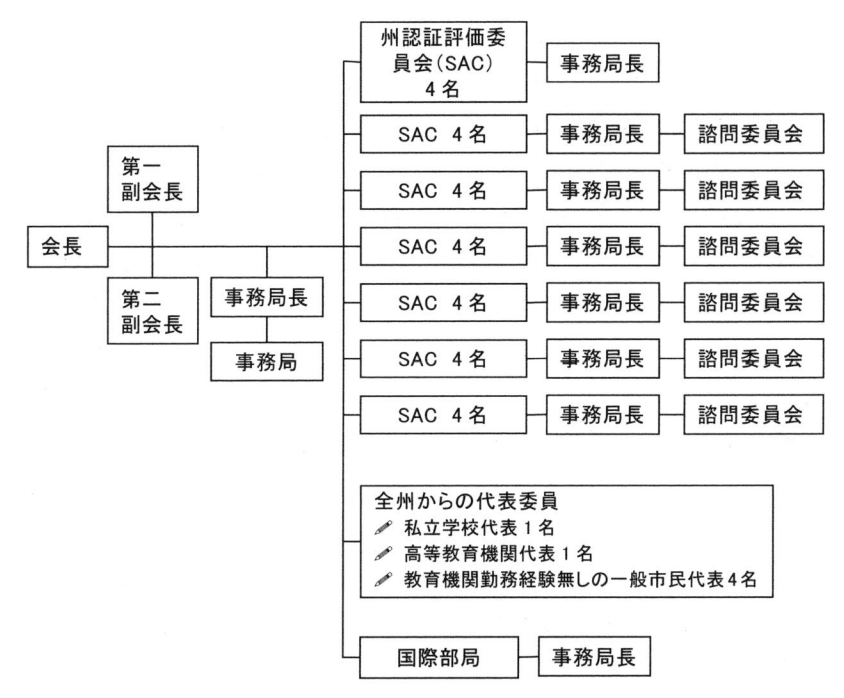

図 1-1-3　北西部学校認証評価協会の組織図

州における学校認証評価の具体的な実施・運営に責任を負う。SAC は州内の認証評価活動を具体的に指揮するために諮問委員会を設置することができる。そのメンバーは認証校の代表者によって構成される。

③認証評価の仕組みと手続き

認証評価は、次の枠組みで構成された基準に基づいて行われていた。評価手続きにおいては、申請校の学校タイプ（ハイスクールか小学校か、など）ごとに個別に設けられた具体的基準が用いられる。

認証手続きは、6年周期で実施される。

初めて認証を受けようとする学校はまず、当該学校の管理機関（教育委員会や理事会など）が協会の基準や規約等を受入れて申請を認めたという決定

を示す書類を添えて、所定の申請書をコミッションへ提出する。申請料は$100である[51]。申請が受理されると、初期訪問（initial visit）評価に備えて所定様式の自己評価報告書を作成する。州認証評価委員会（SAC）によって任命された2名の初期訪問評価チーム（initial visit team）が申請校を1日訪問し、基準に基づいて施設設備や自己評価根拠材料について確認し、職員や管理職等との面接を行い評価を実施する。初期訪問評価チームは報告書を作成し、申請校が3年間のうちに基準を完全に充足できると判断すれば「仮認証（provisional accreditation）」の決定を行う。当該報告書には、申請校に対する賞賛（commendation）と勧告（recommendation）が記入され、申請校は勧告内容に基づいて学校改善計画を作成し、毎年、年次報告書（annual report）をSACへ提出する。仮認証校は、①それまでの3年以内の間にSACが認めた評価方法を用いて自己評価（self-evaluation）を完了していること、②訪問チーム（Visiting Team）によってその自己評価の結果が審査されているということ、の2つのことを証明することによって正式な認証校として承認される[52]。

　認証校は6年周期で訪問チームによる評価を受けることになっている。年会費は学校の種類によって異なるが、小学校（elementary）：$350、中学校（middle）：$350、高等学校（high）：$450などとなっている[53]。

　各学校は毎年、年次報告書を作成してSACへ提出する。あわせて、訪問評価期日以前の3年間のうちにSAC所定の方法で自己評価を行い、学校改善計画を作成する。訪問チームは自己評価の結果を検討する。各学校は、継続的に学校改善に取り組んでいるということを示す。訪問チームからの報告を受けて、SACによる判定は「承認（approved）」「勧告付（advised）」「警告（warned）」「否認（dropped）」の4段階で行われる[54]。この段階的判定は、例えば前回の評価で示された勧告に関して全く改善努力がみられないという場合に「勧告付（advised）」と判定されるというように、学校の現状を単に評定するというよりも一定の時間経過の中で自己改善を促すということが重視されている。

　認証校は協会の運営において、1校につき1名の代表者が意思決定参加の権利を有する。年会費、基準、規約の改定にあたっては、認証校代表者が投

票権を行使できる[55]。

訪問チームは、協会の方針や手続きに十分精通した、経験豊かな教育者（experienced educators）がリーダーシップをとる。訪問チームの人数は、学校の教職員数や訪問日数などによって異なる。ただし、1つのチームには対象校の状況に合わせた領域での経験を有する学校管理職と教員を含めることになっている。チームを構成するメンバーは公立・私立学校の職員、カレッジ・大学の職員、州職員、地方職員の代表から編成される[56]。協会ウェブサイトに掲載されているサンプル報告書では訪問チームは4名となっている[57]。

訪問終了後、チームのチェアは報告書を編集してSACへ提出する。その際、報告書には、施設設備や教育プログラムなど基準に即した学校の現状を記すだけでなく、対象校に対する賞賛のコメントと、対象校が在籍生徒への教育の質をより改善するためにとるべき行動についての勧告を含めることになっている。また、報告書の内容は他の学校との比較や対象校のランクづけをするものではないということも留意されている[58]。

表1-1-3　北西部協会における認証評価基準

教授と学習に関する基準（Teaching and Learning Standards）
1. ミッション、信念、および生徒の学習に対する期待
 （Mission, Beliefs, and Expectations for Student Learning）
2. カリキュラム（Curriculum）
3. 授業（Instruction）
4. 評価（Assessment）

支援条件に関する基準（Support Standards）
5. リーダーシップと組織運営（Leadership and Organization）
6. 授業以外の諸サービス活動（School Services）
 ・生徒に対する支援（Student Support Services）
 ・生徒指導・相談（Guidance Services）
 ・保健（Health Services）
 ・図書館（Library Information Services）
 ・特別支援教育（Special Education Services）
 ・家庭・地域（Family and Community Services）
7. 施設・設備・財政（Facilities and Finances）

学校改善に関する基準（School Improvement Standard）
8. 継続的改善の文化（Culture of Continual Improvement）

北西部協会における認証評価の基本的な方針と手続きを詳細に記した文書では、「自己評価は通常、1年度間以上にわたって継続する活動である。自己評価の準備から完了に至る活動は認証評価手続き全体の中で最も価値ある部分を構成している。」と記され、自己評価（self-study/self evaluation）の重要性が強調されている[59]。各学校の自己評価結果と学校改善計画は毎年の年次報告書として SAC に提出されるが、その様式はそれぞれの SAC が独自に準備しているようである[60]。そして、各 SAC でも、自己評価を計画的に進めていくための方法などについて啓発的な文書が多く作成されている。

　以上のように、訪問評価は 6 年周期で、教育専門家による「同業者評価（peer review）」として行われる。そこでは所定基準に照らして当該学校の長所と課題が検討され、最終的にはそれに基づいて認証の判定がなされる。ただし、認証評価の過程全体においては毎年各学校によって継続的に行われる自己評価がきわめて重要と位置づけられている。訪問評価報告書に記された勧告に基づいて各学校は学校改善計画を作成し、改善に取り組みつつ自己評価結果を年次報告書として提出する。また SAC はその年次報告書の内容を確認しながら、6 年間の認証期間の途中で改善の進捗状況について学校と面会の機会を作ったり、経過報告書を提出させるなどのフォローアップを行うこともできる[61]。

④対象校の拡大と組織改編

　認証校に対する協会のサービスは、ウェブサイト上で様々な文書様式やマニュアル等を公開するということ以外のものを確認することはできない。ただし、各州の SAC はそれぞれ独自性をもって活動している可能性がある。

　1917 年の協会設立時に認証された中等学校（secondary school）は、アイダホ州 5 校、モンタナ州 6 校、オレゴン州 6 校、ワシントン州 8 校の合計 25 校であった。現在の構成州 7 州の中等学校に限ってその後の認証校数の変遷をみると表 1-1-4 のようになる[62]。

　資料に基づいて経年変化をたどると、1972 年までの認証校のタイプは

表1-1-4　北西部協会の中等学校認証校数の変化（1917～1990年）

1917年	1920年	1930年	1940年	1950年	1960年	1970年	1980年	1990年
25	87	227	476	571	663	723	762	796

表1-1-5　北西部協会の学校タイプ別認証校数の変化（1974年～1990年）

学校タイプ	1974年	1976年	1978年	1980年	1982年	1984年	1986年	1988年	1990年
SS	750	754	749	762	783	785	769	786	796
SPS	15	20	31	32	46	52	62	78	91
JH/MS	28	37	46	62	66	94	102	111	115
EL					36	78	117	150	165
K12						31	73	98	113
合計	793	811	826	856	931	1,104	1,123	1,223	1,279

表1-1-6　2009-2010年度における学校タイプ別認証校数

学校タイプ	認証校	仮認証校	合計
High school	859	130	989
Middle level	74	27	101
Elementary	220	30	250
K-12	191	58	249
Special Purpose	147	57	204
Residential	52	26	78
Distance Education	26	29	55
Supplemental Education	61	19	80
Travel Study	3	3	6
International	14	32	46
Postsecondary Nondegree Granting	2	0	2
合計	1,649	411	2,060

表1-1-7　初等・中等公立学校数（2007-2008年度）

	アラスカ州	アイダホ州	モンタナ州	ネバダ州	オレゴン州	ユタ州	ワシントン州	合計
Elementary 67	185	432	479	452	920	605	1,444	4,517
Secondary 68	84	231	352	134	302	305	574	1,982
Combined elementary/ secondary 69	232	64	0	23	67	76	293	755
other	0	0	0	1	6	24	0	31
合計	501	727	831	610	1,295	1,010	2,311	7,285

すべて"secondary school"であったが、1973年に"secondary school/special purpose school"となり、1974年〜1981年は"secondary school"、"special purpose school"、"junior high school/middle school"の3タイプに、1982年には"elementary school"を加えて4タイプに、そして1983年〜1990年にはさらに"K12"を加えて5タイプへと多様化が進行している。これらのタイプ別に認証校数の変化を隔年でたどると、表1-1-5のとおりである[63]。一見してわかるように、1970年代において中等学校（ハイスクール）の認証校数はほぼ横ばい状態となり、それ以降、中学校および小学校の認証校数が増加傾向を示していった。

2009〜2010年度における認証校の数は表1-1-6の通りである[64]。ちなみに、北西部協会を構成する7州の2007〜2008年度の初等・中等公立学校数は表1-1-7の通りである[65]。両方のデータのカテゴリーが異なるので学校タイプごとに対照させることはできないが、総数で単純に考えると約28%の学校が認証評価を受けていることになる。

その後、NAASは2010年に、Northwest Association of Accredited Schools (NAAS)からNorthwest Accreditation Commission(NWAC)に名称を変更した。さらに、2011年にはAdvancEDの認証評価部門として統合されることを決定し、2012年7月からAdvancEDの地方部門としての活動へと移行した[66]。移行後の認証評価手続きなどの詳細は、第2章を参照されたい。

(1章1(5) 浜田博文)

(6) 西部協会（WASC）

西部協会（Western Association of Schools and Colleges：WASC）は、1962年に、6つの専門職協会、すなわち西部カレッジ協会、カリフォルニア州ジュニアカレッジ協会、カリフォルニア州中等学校管理職協会、カリフォルニア州独立学校協会、太平洋セブンスデイアドベンチスト協議会、西部カトリック教育協会によって設立されたものである[70]。西部協会は、3つの委員会から成り立っていた。すなわちシニアカレッジと大学の認証評価委員会（西部カレッ

ジ協会が母体、現在は WASC シニアカレッジと大学委員会)、ジュニアカレッジ認証評価委員会(カリフォルニア州ジュニアカレッジ協会が母体、現在はコミュニティカレッジ、ジュニアカレッジ認証評価委員会)そして中等学校認証評価委員会(カリフォルニア州中等学校管理職協会、カリフォルニア州独立学校協会、太平洋セブンスデイアドベンチスト協議会、西部カトリック教育協会が母体、現在は学校認証評価委員会)という3つの委員会である。西部協会は、4年制のカレッジと大学、2年制のカレッジ、中等学校に関する認証評価を行う機関として設立されたことがわかる。

　西部協会の特徴は、上記の6つの専門職協会の自主性を尊重して設立された点にある。各専門協会は、西部協会設立に際して、すでに実施されていた認証評価の活動に信認を与えること、他の専門職団体からのコントロールや新しく設立される協会からのコントロールから保護されることを強く望んでいた。西部協会は、そうした専門職協会の意向を尊重して設立されており、自主性尊重を特徴とする組織と言える[71]。3つの認証委員会が独自の基準を設定し、独立して認証評価を実施している。

　西部協会の対象地域は、カリフォルニア州、ハワイ州、グアム、北マリアナ諸島、アメリカ領サモア、ミクロネシア連邦、フィジー、東アジアである。本部は、カリフォルニア州バーリンゲーム市にある。

　組織の目的は、「教育プログラムの改善、学校、カレッジ、大学間の密接な協働、認証評価、他の教育組織や認証評価機関との効果的な協働関係を通じて、初等、中等、高等教育の繁栄、利益、発展を促すこと」(規約第1条)である。

　初等中等学校の認証評価委員会は、以下の組織の代表者によって構成される[72]。

　　カリフォルニア州：カリフォルニア州学校管理職協会　キリスト教学校国際協会、カリフォルニア州教育委員会協会　カリフォルニア州教員連盟、カリフォルニア州教員協会　カリフォルニア州教育省　西部カトリック教育協会　太平洋セブンスデイアドベンチスト協議会　カリフォ

ルニア州独立学校協会　カリフォルニア州 PT 議会　カリフォルニア州私立学校組織協会
ハワイ州：ハワイ州教育省　ハワイ州公務員協会　ハワイ州独立学校協会
東アジア：東アジア海外学校地域カウンシル
中等後教育関係者：1 名
一般メンバー：5 名

　認証評価は、次の枠組みで構成された基礎基準に即して、カリフォルニア州、ハワイ州、私立学校、インターナショナルスクールの個別の基準が設定されており、それらに基づき行われる[73]。公立学校についても、カリフォルニア州、ハワイ州の独自性を尊重し、共通の基準に加えて、各州の基準が設定されているところにも、西部協会の特徴を見ることができる。

　認証評価を受ける学校の年会費（2012 〜 13 年度）は、初等学校が 500 ドル、ミドルスクールが 756 ドル、中等学校が 756 ドルであり、訪問調査を受ける際には実費を支払う必要がある[74]。

　認証評価のプロセスは、まず、初回時には、書類の提出とその審査があり、その結果認証評価を受ける資格があるかが判定される。その後に、初回時の訪問調査を受け、認証評価を受ける。初回の認証評価は、認証、認証の候補、西部協会会員の否認の 3 段階である[75]。初回時の認証期間は 3 年間である。初回時の認証を認められた学校に対して、認証評価委員会から勧告が出され

表 1-1-8　西部協会における認証評価基準

〈基礎基準〉
A. 生徒の学習のための組織
　学校の目的 / ガバナンス / 学校のリーダー / スタッフ / 学校環境 / 生徒の進歩の報告 / 学校改善プロセス
B. カリキュラムと授業
　生徒が何を学ぶか / 生徒がどのように学ぶか / 評価がどのように用いられるか
C. 生徒の人格的、学業的成長への支援
　生徒に対する便宜 / 保護者やコミュニティの参加
D. 資源マネジメントと開発
　資源 / 資源計画

る。初回の認証評価の後に、正式の認証評価のプロセスが始まる。学校は、初回時の認証評価の際の認証評価委員会の勧告に応えながら、自己評価報告書、改善のためのアクションプランを作成し、認証評価委員会に提出する。その後、認証評価チームが組織され、正式の訪問調査が行われる。学校の自己評価報告書、訪問調査の結果を踏まえ、6年間の認証、3年以内に調査を義務付けられた6年間の認証、3年間の認証、1年もしくは2年間の認証、不認証、という6段階の評価がなされる[76]。

認証評価チームは、2名から8名の教育者によって構成される。委員は、公募によって選出され、またボランティアである[77]。

西部協会では、学校を対象としたセッションが行われている。すなわち、訪問調査までの18カ月の間に3度のセッションが行われる。また訪問調査チームの委員長と委員を対象としたワークショップも行われている[78]。

2012年7月現在で、認証されている初等中等学校は、3,909校である[79]。

(1章1(6) 竺沙知章)

2. 6地域協会による認証評価活動の内容比較

これまで概観してきた6地域協会それぞれの取り組みを、①認証評価の基準内容、②認証評価のプロセス、③評価チームの構成と評価者の力量形成の3点で比較検討してみよう。

(1) 認証評価の基準内容

まず評価基準がどのような内容のもので構成されているかという点に着目する。表1-2-1は2012年現在、各協会において使用されている学校認証評価基準の一覧である。

この表によると、6協会で使用されている評価基準が大枠として高い共通性を有していることを指摘することができよう。AdvancEDが設立される2006年まで、6地域協会の共同出資のもとで運営されてきたNSSEにおいて

2.6 地域協会による認証評価活動の内容比較

表1-2-1　各協会が設定する学校認証評価基準

○ニューイングランド協会

教授・学習の基準群
1. ミッションと期待（Mission and Expectations） 2. カリキュラム（Curriculum） 3. 授業（Instruction） 4. 評価（Assessment） **支援要因の基準群** 5. リーダーシップと組織（Leadership and Organization） 6. 学習のための学校の資源（School Resources for Learning） 7. 学習のための地域の資源（Community Resources for Learning）

○ミドルステーツ協会

基盤的基準群（Foundational Standards）
1. 理念／ミッション（Philosophy/Mission） 2. ガバナンスとリーダーシップ（Governance and Leadership） 3. 学校改善計画づくり（School Improvement Planning） 4. 財政（Finances） 5. 施設（Facilities） 6. 学校の風土と組織（School Climate and Organization） **運営基準群（Operational Standards）** 7. 健康と安全（Health and Safety） 8. 教育プログラム（Educational Program） 9. 生徒の学習の評価と証拠（Assessment and Evidence of Student Learning） 10. 児童生徒サービス（Student Services） 11. 生徒の生活・活動（Student Life and Student Activities） 12. 情報資源と技術（Information Resources and Technology）

○西部協会

〈基礎基準〉
A. 生徒の学習のための組織 　　学校の目的／ガバナンス／学校のリーダー／スタッフ／学校環境／生徒の進歩の報告／学校改善プロセス B. カリキュラムと授業 　　生徒が何を学ぶか／生徒がどのように学ぶか／評価がどのように用いられるか C. 生徒の人格的、学業的成長への支援 　　生徒に対する便宜／保護者やコミュニティの参加 D. 資源マネジメントと開発 　　資源／資源計画

○ AdvancED [80]（旧北中部、南部、北西部協会）

基準1：目的と方向性（Purpose and Direction） 基準2：ガバナンスとリーダーシップ（Governance and Leadership） 基準3：教授活動と学びの評価（Teaching and Assessing for Learning） 基準4：リソースと支援システム（Resources and Support Systems） 基準5：継続的改善に向けた結果の活用（Using Results for Continuous Improvement）

評価にかかわる諸々のリソースが生み出され、それらを協会間で共有してきたことが理由の一つであると考えられる。

さて、基準項目で使用されている用語に着目してみると、学校の質を把握するための現代的な視点として次の諸点を重視するようになったと言えるだろう。

第1は、生徒の学習の質を検証しようとする評価基準が設定されているという点である。具体的には「カリキュラム」という評価基準を設けている協会（ニューイングランド、西部）がある他、「教育プログラム」(ミドルステーツ)、「教授活動と学びの評価」(AdvancED) などの評価基準を各協会は設定している。これは学校における教授学習活動の質をいかに高めるかが、学校改善において重要なファクターであるという認識を示している。序章でも述べたように、地域協会による認証評価は当初、学校施設・設備の充実度等をはじめとした学校の量的な要件を評価基準の核に据えていた。つまり学校のインプット条件の充足度に基づいて学校の質を評価し、認証活動を行ってきたのである。ところが現在においては、学校における教授学習活動の実態を当該学校の質を検証するための重要な要因として位置づける、すなわちプロセス評価へと認証の力点をシフトさせてきたことを示していよう。

第2に、ミッション、リーダーシップ、ガバナンスという概念を用いながら、学校での教育活動を方向づける、または支援する体制づくりに関連した基準が設定されている。第1の点と併せて考えるならば、学校での教授学習活動を組織的に方向づけ、支援するプロセスこそが、学校改善の促進という点においては重要であるという認識が底流をなし、その基盤の有無を検証する基準が設定されたものと考えられる。

ただし、以上の点は各協会が「どのような視点で学校の質を評価しようとしているのか」という点で高い共通性を有していることを示しているに過ぎない。事実、これらの基準を束ねている枠組み（たとえば、AdvancEDでは設定した基準について性格付けをして分類することはしていないが、ニューイングランド協会は設定している基準を教授・学習の基準群と支援要因の基準群に大別している）

等については違いがみられる。これらの違いが実際の評価活動や、各基準の下位に設けられる具体的評価指標にどの程度影響を及ぼすのかについては、今後さらなる検討が必要である。

(2) 認証評価のプロセス

次に認証評価のプロセスに着目してみる。すべての地域協会において共通していることは、認証評価が、a.学校（または学区）による自己評価（self-studyまたはself evaluationという語が充てられている）、b.豊かな教育経験を有した同業者（peer）で構成されたチームによる訪問評価、c.訪問評価の結果に基づいた学校（または学区）での継続的な改善活動、という一連の流れ（a→b→c→a…）をサイクルとしたプロセスを経ることが基本形になっているということである。中でも自己評価のプロセスは、認証評価システムにおいて最も重要な過程として位置づけられ、それに向けた準備においては多大な人的・時間的コストを必要とすることが調査を通じて明らかとなった。

われわれは2011年9月にジョージア州のバロー郡学区（Barrow County School System）を訪問し、認証評価を活用した学区・学校改善の実態調査を行った[81]。バロー郡学区は、2007年にAdvancED（SACS CASI）から「学区認証評価（district accreditation）」を受けている（学区認証評価の詳細については、次章を参照）。AdvancEDによる認証評価は5年を1サイクルとしているため、われわれが訪問調査を実施した時期は、2012年春に実施される再認証（すなわち評価の第2サイクル）のための訪問評価に向け準備を進めている最中であった。

バロー郡学区でのインタビュー調査を通して、当該学区では自己評価を進めるにあたり次のような工夫をしていることが明らかになった。すなわち、①評価基準ごとに教員、親、生徒を構成員とした10〜20人からなるチームを編成し、多面的に自己評価を実施すること、②自己評価のプロセスを学区による他の学校改善施策と関連付け、重複する作業を減らすこと、③学び合いという観点を重視し、自己評価の過程においては、自校とは異なる学校

種の教育活動のレビューにかかわってもらうこと、④学区教育委員会事務局の担当官や教育長が頻繁に各学校を訪問し、自己評価の過程において支援的役割を積極的に果たすことの4点である。

また「eBoard」と呼ばれるデータ集積・分析システムを導入し、ウェブ上でいつでも評価項目に関連するデータの入力や分析を行える環境も整備されていた。訪問評価の際にはAdvancEDが設定する各基準を満たすだけの活動がなされているかについて証拠（evidence）を提示することが求められる。その点において、いつでもデータを入力、分析、参照できるこれらのシステムを活用することは、自己評価のプロセスの効率性を高めるという側面で重要な役割を果たすものと当該学区では認識されていた。

このように、自己評価のプロセスは学校教職員のみならず学区の専門職員や保護者、地域住民、児童生徒をも巻き込みながら実施される、「学校の現状分析プロセス」であることがわかる。時間をかけてこれらの作業に取り組むことが関係者間のコミュニケーションを活性化すること、そこでのコミュニケーションを通して学校―学区間、学校―関係者（保護者、地域住民等）間において学校改善のビジョンが共有されていく点で効果があることを担当者たちは認識していた。この点は、認証評価の取り組みそのものの機能や役割期待という側面からは副次的成果として捉えることが妥当だろう。しかし、多様な主体が意見・観点を出し合い、それらを総合的にまとめ上げる作業を評価活動の基盤に位置づけることによって、それが学校改善の支援や促進につながる可能性があること（実態としてそのような機能を担っている）は、評価システムの在り方を考える上で重要な示唆を提示してくれていると考える。

さて、以上のような過程を経て実施される認証評価だが、その認証期間の長さは協会によって5年（AdvancED）、6年（西部）、7年（ミドルステーツ）、10年（ニューイングランド）と違いが見られる。また、各協会とも基準充足の程度に応じた段階的な認証システムを採用している。AdvancEDを例にとると、「完全な認証（Accredited）」、「忠告に基づく認証（Accredited on Advisement）」、「警告を含む認証（Accredited Warned）」、「仮認証（Accredited Probation）」の4段階

を設けている[82]。学校や学区はどの段階の認証に位置づけられるかによって、次に認証評価を受けるまでの期間の長さや、それまでに取り組むべき課題等で違いが出てくることになる。

(3) 評価チームの構成と評価者の力量形成

最後に、訪問評価チームの構成に着目する。訪問評価チームの構成は、現職や元職の校長や行政官、教員を中心とした、いわば学校や学区にとっての「同業者（peer）」で構成されている点が共通した特徴である。ただし、これらのチームに大学教員等の専門家を加えることは必須要件ではない。ここに、地域協会による認証評価が学校教職員らの自主的な取り組みとして発展してきた歴史を見ることができよう。

評価チームの構成員は公募（ボランティア）を基本とするが、協会によっては評価対象校の抱える課題や状況に適した同業者（似たような課題を抱えた学校、学区に勤務している等）をチームに含めるという工夫を行っていることもある。また、評価対象となる学校の規模に応じて構成員の数が決定される。

このように地域協会による認証評価は、当該協会に加盟するすべての学区・学校が共通する基準に基づいて相互に評価し、評価されるという関係を取り結びながら実施されている。その点で、認証評価が学校改善に資するためには、同じ協会に加盟する学区・学校の関係者が、設定された基準に照らして的確に評価することができる一定程度の力量（自身が勤務する学校の現状を捉える力量であり、他校が抱える課題を見極め、改善に向けた提案ができる力量）を有していることは、とても重要になる。

そこで協会は彼らを対象にしたワークショップ等を開催し、その力量形成・向上の機会を提供している。これらの研修の機会は年次大会（annual conference）として全米レベルで開催されることもあれば、州支部等を中心に州ごとや近隣地域レベルで開催されるものなど様々である。われわれが参加したAdvancEDの年次大会(2010年4月17日〜19日、ジョージア州アトランタ市)を例にとると、協会本部から基準等についてのガイダンスや認証評価及び学

校改善事業の説明が行われるほか、加盟する学区・学校による実践報告が分科会形式で実施される等、全部で79にもわたる報告がなされていた[83]。

(1章2　照屋翔大)

3. 小　括 ──同業者による第三者評価としての学校認証評価

(1) 共通基準、教育専門職としての同業者による評価、そして自己評価の重視

　アメリカにおける学校認証評価は、19世紀末、中等教育と高等教育のアーティキュレーションの確保という課題への対応を端緒として成立した。それが、地域ごとの固有の条件・文脈を土台としてそれぞれが独自の特徴を有する6つの地域別任意機関の形成へと向かうことになった。

　本章で検討した6協会の特徴は、行政機関から独立したボランタリーな組織という表現だけでは一括できない個別性を有する。例えば、ニューイングランド協会では公立学校と私立学校のコミッションを独立させている。あるいは、西部協会は、初等学校をも対象とした学校改善支援を重視する傾向を強めている他の協会の動きから距離を置いている。おそらくその背景には、各協会による認証評価が、それぞれの対象とする各州の学校制度においてどう位置づけられ、あるいは住民・学校関係者にとってどのように認知されているか、などの違いがあるものと推察され、それ自体、興味深い。

　だが、ここで注目したいことは、むしろ6地域協会に共通する点である。

　その第一は、評価対象の学校に直接関係のない外部者によって数年周期で行われる訪問チームによる評価は、学校教育の専門家つまり同業者による評価（peer review）だという点である。評価のための共通基準は1930年代以来の開発・改定の歴史を有している。それに基づいて行われる訪問評価は、評価者が当該学校やその管轄教育委員会の当事者ではないという意味で「第三者」性を確保する一方、教育専門職が自律的に、そして相互に評価するという構造的特徴をもっている。

3. 小　括

　第二は、外部者による訪問評価をメイン・イベントとしつつも、認証の過程で最も重視されているのは各学校による自己評価のプロセスだという点である。各協会あるいはその州支部においては、認証校が校内で自己評価に取り組むためのツール提供やコンサルテーションなどが行われている。

　そして第三は、このような基本的特徴をもつ学校認証評価が、近年とくに、学校改善支援という指向性を強化していることである。とりわけ北中部協会と南部協会を統合する組織として創設され、さらに北西部協会もその中に包摂した AdvancED による活動はそれを象徴している。

（1 章 3(1)　浜田博文）

(2) AdvancED の成立にみる学校改善支援の強化指向——評価から改善支援へ

　われわれがこの研究に着手したのは 2009 年度だったが、その後の 3 年間の間にも AdvancED は従来の地域協会よりもはるかに強く、学校改善のための支援に力点を置いた活動を推進し、毎年のように新たな活動を開拓しているように思われた。ただし、そうは言っても、従来行われてきた評価自体が否定・放棄されているのではない。ここで問い直されているのはあくまで旧来型の認証評価の発想や手法（パラダイム）であって、より一層学校改善と密接に関連した、新たな認証評価のあり方が追求されているのだと考えられる。

　AdvancED は、2009 年に、設立後初となる自らの貢献・役割に関する年次調査報告（自己評価：impact study）を刊行した。そこでは、アメリカにおける学校改善努力の推移と認証評価の重点の歴史的推移との対応関係が述べられている（図 1-3-1）。

　学校改善は次の 3 つの時期区分に従って整理される。

　① 19 世紀末〜 20 世紀初め…効率性重視の時代（大規模化、規格化）
　② 20 世紀中盤以降…改善と平等性の目標が示され、その対応として多様
　　な手法（授業時間延長、能力別学級編制等）の試行錯誤が求められる時代

③80年代以降…教育の質と責任が重視され、学力達成保障が強く求められるアカウンタビリティの時代

これらに概ね対応しながら、認証評価の重点は次の移行を経たという。

①19世紀末…大学入学者の学力差是正・均等化に向けた出身高校への訪問調査と教育内容の確認

②20世紀中盤…教育活動や施設の「インプット」(授業時数や教職員数、蔵書数等) 確保

③80年代以降…望ましい結果を生むための「プロセス」の解明とその評価

「(80年代以降の) 学校は、(従来のように) 諸要素やプログラム、資源、人材等 (の入力) だけで判定される (judged) のでなく、諸基準や望ましいゴールに進んでいくことのできる強健さ (robustness) に基づいて判定される」[84]。

認証評価の基準やシステムの見直し、学校改善支援への焦点化等、AdvancEDによる現在の取り組みは、以上のような認識が前提となっている。この認識の下で、例えば基準の見直しや、学校支援システムの充実等の施策が展開されている。本章2(1)で述べたように、各協会が設けた評価基準には改善に向けた組織としての活動プロセスを重視する傾向が見られ、改善プロセス自体を評価の対象とする指向性がうかがわれる。だが、次章で検討するASSIST等にみられるAdvancEDの活動には、改善プロセスに対する、より積極的な支援活動が付加されているとみることができよう。

それらは未だ着手間もない取り組みで、内容の変動も大きく、深く検討するための具体的なデータが不十分なので不明な点も多い。しかしながら、学校のインプット条件に注目して所定基準に基づく評価を行うことに重点を置いた伝統的認証評価から、学校改善の支援を積極的に意図する活動へ、という変化の様相を見て取ることができる。

こうした変化は、図1-3-1の「アカウンタビリティの時代」において認証校にミドルスクールやエレメンタリースクールが含まれ、数を増してきたこ

3. 小 括

学 校 改 善		
初期の努力 （効率性）	挑戦への対応 （改善）	アカウンタビリティの時代 （結果）

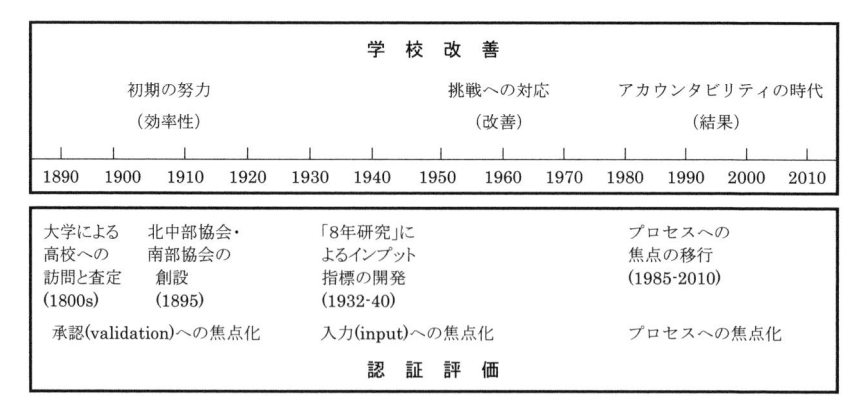

1890　1900　1910　1920　1930　1940　1950　1960　1970　1980　1990　2000　2010

大学による 高校への 訪問と査定 (1800s)	北中部協会・ 南部協会の 創設 (1895)	「8年研究」に よるインプット 指標の開発 (1932-40)		プロセスへの 焦点の移行 (1985-2010)
承認(validation)への焦点化		入力(input)への焦点化		プロセスへの焦点化
認 証 評 価				

図 1-3-1　学校改善の推移と認証評価の推移との対応
(出典：AdvancED（2009）*Learning from Accreditation*：*2009 AdvancED Study*、pp.18-19 および p.22 より作成)

とと密接に関係している。とりわけ学校単位のアカウンタビリティが厳格化・明確化される1990年代以降において、地域協会としては「認証のための評価」という有り様自体を問い直す必要に迫られたものと考えられる。

　この点に関わって、米国のシンクタンクの経済政策研究所（Economic Policy Institute）のロズステイン（Rothstein, R.）らのグループは、伝統的な認証評価が以下の問題を抱えると指摘する[85]。学力達成度よりも教育プログラムや資源等のインプットに焦点を置く点、自発性・任意性を旨とすることから改善提言に強制力がない点、訪問チームが同業者（＝校長等）であるために批判的評価・提言に限界が生じうる点、地域協会は会費制のために認証を可とする方向での圧力が強くなりがちな点、等である。

　他方で、認証評価はアメリカの学校がアカウンタビリティを果たす制度として大いに可能性があるとも指摘する。彼らは、イギリスのOFSTEDを例に引きつつ、州ごとの共通設定目標とそれに近づく学校の努力の評価に関する手法等の開発（その際、適切な教え方ができたか、のみならず、児童生徒の学習が実際に達成されたかを問う）、自発的・任意ではなく強制的（mandatory）な認証評価にすること、地域協会を公費（租税）で負担される準政府的（quasi-governmental）存在へと転換すること、等を提起する。

以上のことからすれば、専門性に基づくピアレビューと学校の自発性・任意的参加を軸としてきたアメリカの学校認証評価は、アカウンタビリティの時代にその対象を次第に初等学校段階へと拡張するに伴って、大きな転換点に差し掛かっているのではないかと考えられる。

(1章3(2) 山下晃一)

(3) 残された問題と今後の研究課題

　元来、中等教育と高等教育のアーティキュレーションを確保するために始まった学校認証評価は、確かにそのための制度的機能を果たし、広く社会的認知を得てきた。だが、学校改善につながる実効性という点で厳しい見方をすると、専門性・自発性に基づく相互評価という仕組みは、"お手盛り"の評価ともいえる事態と隣り合わせである。それは、必ずしも学校の改善という結果を伴わない、内向的・閉塞的な自己努力に陥りかねない。低学力に改善の兆しが見られないという初等中等段階の公立学校に対する社会の批判や不満と厳しいアカウンタビリティ要求に照らした場合、一定水準の学力保障という結果を出すことにつながらない認証評価の現状は、教育関係者からも厳しく問い直され、大胆な変革が求められていると言えるかもしれない[86]。AdvancED による新たな活動の開拓は、地域協会自身がそれに応えようとするものとみることができる。

　ただし、専門性・自発性を軸とする評価形式や、それを相互的関係のもとで実施することは、学校改善を支援する上で積極的な意味を有するものでもある。そもそも NCLB 法を契機に構築された州政府によるアカウンタビリティ制度は、個別学校の置かれた地域的・社会経済的諸条件等への配慮を欠落させたまま学校や教員の責任を問う構造をもち、したがって学校改善への動機付けや支援の要因にはつながりにくい。個別学校を対象にして、学校の運営状況全体を教育専門性に基づいて見直すという評価の仕組みは、そのようなアカウンタビリティ制度の下にあって、重要性を失うものではないだろう。各学校が異なる困難条件を抱えているにもかかわらず、正当に努力して

いる様子を適正に評価・証明しようとすれば、まずは自分たちが最善を尽くした状況を自己評価し、それらを同じ教育専門家に外部評価してもらい、改善課題を明確化するという手続きは正当なものである。

その点において、AdvancEDの活動で関心を惹くのは、認証校の学校改善に関する情報・データを、州・学区の壁を越えて広く共有するネットワークとしての性質をもつASSISTの事業である。また、学区教育委員会を対象とした認証評価も、学校改善支援という点では興味深い。学区認証評価には、学校認証評価の効率的実施という意味があるとみられるが、学校改善プロセスを支援する条件としての教育行政機関のあり方という視角から検討すべき価値があると考えられる。

前掲のロズステイン（Rothstein, R.）らは、学校認証評価の現状に批判的な眼差しを向けながらも、廃止ではなく、大胆な制度設計の転換と活用を提唱している。その背景には、近年のアメリカにおけるアカウンタビリティ政策が、学校・教員の主体性・自発性を重視しない形で進んできたことへの危機感があるように思われる。もともと教育専門職による自発的な取り組みという特徴をもつ学校認証評価の中に、学校改善に対する学校・教員自身の主体性・自発性を回復し、守り、活かすという点で無視できない要素を見出しているとも考えられる。

AdvancED自身は認証評価とアカウンタビリティを繋ぐところに学校改善を位置づけようとし[87]、そのための新たな活動を開拓しようとしている。しかし、以上のように考えてくると、両者はそう簡単には調和しない要素を含んでもいる。ロズステインらが描こうとする新たな学校認証評価の有り様は、むしろ現行のアカウンタビリティ政策への対抗的補完物、ないしカウンターカルチャーともいえるものである。

ひるがえって、学校のアカウンタビリティを明確化するという政策強化に基づいて制度化された日本の学校評価システムは、強制性を有する一方で、専門性・自発性の確保はきわめて曖昧かつ脆弱な状態にある。また、強制性とは裏腹に、評価結果に基づく改善プロセスへの支援条件も乏しいと言わざ

るを得ない。

(1章3(3) 浜田博文)

[注]
1 The New England Association of Schools & Colleges (NEASC) "*The First Hundred Years 1885-1985*" 1986, p.17.
2 Ralph,W., The New England Association of Schools and Colleges, Inc., *North Central Association Quarterly*, 52 (3), 1978, pp.418-425.
3 この間、ニューイングランド協会は米国税法 Section 501 (c) (3) による免税団体の地位を得ている。同協会ウェブサイト参照 http://www.neasc.org/executiveoffice/about_us/history/ (最終確認日：2010年5月5日)
4 同協会ウェブサイト参照 http://www.neasc.org (最終確認：2010年5月5日)
5 NEASC, *Toward a Second Century of Accreditation* (*Fact Sheet*), 2011. 学区の申請により複数校・学区評価も可能とされている。
6 コミッションの内部運営組織としては、公立初等学校部門の場合、最低24名で構成されるコミッショナー会議のもと、初等学校・中等学校分科会、政策・指名・年次大会・アピール・基準改定の常置委員会が置かれている。部門担当の本部職員はディレクター・秘書の2名。
7 一方、私立学校基準は、15分野（ミッション、ガバナンス、入学、プログラム、生徒の経験、プログラムを支援する資源、早期教育プログラム、寄宿プログラム、教職員、運営、評価、健康・安全、コミュニケーション、施設設備、認証過程）で構成されている。
　なお、2011年時点で、公立中等学校コミッションは新基準を公表している。同基準は、教授–学習の基準群4つ、支援要因の基準群3つで構成される点は同様であるが、第1基準が「中核的価値、信念、学習の期待」、第4基準が「生徒の学習に関する/のための評価」、第5基準が「学校文化とリーダーシップ」と改称されており、学校文化を介した学校全体（school-wide）での生徒の達成度分析に新たな比重が置かれている。協会ウェブサイト参照。http://cpss.neasc.org/getting_started/developing_core_values/ (最終確認日：2013年12月20日)
8 2009年12月7日の CPEM, CPSS 訪問時における CPEM 担当役員フリン（Flynn, D.）氏の説明による。
9 Commission on Public Elementary and Middle Schools (CPEM) of NEASC "Policy Handbook" 2007, p.14.
10 2009年時点の認証校数については、NEASC, Membership Roster, 2009、2012年時点の認証校数については協会ウェブサイト上の検索システムを参照した。
11 ミドルステーツ協会ウェブサイト参照 http://www.middlestates.org/History.html (最終確認日：2010年5月7日)
12 同上 http://www.middlestates.org/Purpose.html (最終確認日：2010年5月7日)

13 2010年3月2日の同協会訪問時におけるCES・CSS両ディレクターからの聴き取り。
14 コミッションの内部運営組織としては、初等教育部門の場合、関係者から選出されたコミッショナー21名の下に統括委員会が置かれ、その下部委員会としてメンバーシップと認証・計画と開発・指名・財務・総合認証の各委員会が設けられている。
15 注13の聴き取り。
16 MSACS（Commission of Elementary Schools）"The Scope of the Work of the Commission"（2010年3月2日の同協会訪問時にCESディレクターより提供された新任コミッショナー向け研修資料），2010. 前掲注13の聴き取りでは、10年ほど前より、認証評価の基準での児童生徒の質重視、改善計画の策定の重視を意識した認証評価の仕組みの転換を進めてきたとの見解が示された。
17 Middle States Association of Colleges and Schools（MSACS）"*Standards for Accreditation for Schools with Accreditation Terms and Actions（ver 1.2）*", 2007.
18 プロトコルは過去6種類開発されており、相互に力点が異なる。最新版の"Excellence by Design"は、計画プロセス、学校の文脈、地域プロファイル、生徒達成度プロファイル、組織キャパシティープロファイル、成長改善の計画の要素で構成される。注16の資料を参照。
19 注17、pp.33-35.
20 なお、協会によると（注16資料）、所管5州と特別区の公立エレメンタリー・ミドルスクール段階の認証校数は2009年段階で350弱とされ、全公立学校数との比較対照においてやはり趨勢とは言いにくい。
21 州教育省ウェブサイトを参照 http：//www.portal.state.pa.us/portal/server.pt/community/data_and_statistics/7202（最終確認日：2010年12月1日）。なお州内チャータースクール（CS）133校は除いた。
22 なお、約20（名簿確認上は21）の学区は、学区内全校でMSACS認証評価を受けていると推察される。
23 訪問した学区・学校は以下の通り。アッパーダブリン（Upper Dublin）学区（2010年11月3日。同学区は所管校全てがMSACS認証校）、フィラデルフィア（Philadelphia）学区ボーディンハイスクール（Bordine High School）（同11月4日）、インディペンスチャータースクール（Independence Charter School）（同11月5日）、サスケハンナタウンシップ（Susquehanna Township）学区 サスケハンナタウンシップハイスクール（Susquehanna Township High School）（同11月7日）。
24 Vaughn, J.W. & Manning, T.E., "The North Central Association of Colleges and Schools", *The North Central Association Quarterly*, 52 (3), 1978, p.395.
25 NCA CASI *NCA CASI History*, Author, 2010, http：//www.ncacasi.org/history（最終確認日：2010年5月3日）。少なくとも左記確認日までは、同ページに詳細な歴史的経緯が記載されていたが、現在のところ、きわめて簡略化された文章（約30分の1程度）が掲載されているだけである。なお、当初の文章については、以下のインディアナ州の公立小学校のホームページにほぼそのまま転載されていた（最終確認日：2012年9月25日）。http：//www.rfcsc.k12.in.us/1736201021214036730/site/default.asp

26 NCA CASI, *2005-06 Annual Report*, 2006, p.1.
27 National Center for Education Statistics (NCES), *Digest of Education Statistics, 2009*, 2010.
28 Vaughn et al. op.cit., p.396
29 Ibid., pp.396-397.
30 Boyd, R.L. "A New Child in the House：Accrediting the Elementary Schools", *The North Central Association Quarterly*, 51(2), 1976, p.263.
31 AdvancED *AdvancED：Who We Are and What We Know：An Overview of the AdvancED：2009 Impact Study*, 2009, p.1.
32 NCA CASI, op.cit.
33 http：//www.sacscasi.org/region/history/（最終確認日：2010 年 5 月 7 日）
34 *Ibid.*（最終確認日：2010 年 5 月 7 日）
35 *Ibid.*（最終確認日：2010 年 5 月 7 日）
36 6 大学とは、ヴァンダービルト大学（Vanderbilt University）、ノースカロライナ大学（University of North Carolina）、サウス大学（University of the South）、ミシシッピ大学（University of Mississippi）、ワシントン・リー大学（Washington and Lee University）およびトリニティ大学（デューク大学）（Trinity College (Duke University））である。
37 NCA CASI と合同し AdvancED となる直前（2005 〜 2006 年度）の加盟校数は、全校種合わせて 13,608 校となっている。なかでも小学校での認証校が半数近くを占めているのが特徴である。http：//www.advanc-ed.org/about_us/organization/annual_report/docs/2005-2006_sacs_casi_annual_report.pdf 参照。（最終確認日：2010 年 5 月 28 日）
38 本研究を進めている最中、北西部協会は Northwest Association of Accredited Schools（NAAS）という名称で独自の活動を展開していたが、2010 年に名称を Northwest Accreditation Commission（NWAC）に変更し、2012 年 7 月からは AdvancED に統合されて現在に至っている。認証評価基準等は第 2 章で詳述する AdvancED と同一内容になっているが、本章では敢えて地域協会による学校認証評価に焦点を当てる意図から、統合直前までの北西部協会について検討する。
39 Northwest Association of Schools and Colleges, "*Northwest Association of Schools and Colleges 75 year History 1917-1991*," 1991, p.1
40 "Inland Empire" とはアメリカ北西部のワシントン、オレゴン、アイダホ、モンタナの 4 州にまたがる地域の呼称。
41 1912 年にアイオワ大学（University of Iowa）からワシントン大学（University of Washington）へ移籍した教育学者の Frederick E. Bolton が北中協会の事情に通じていたため、北西部協会の創設に向けた議論をリードしたと言われる。（注 39,p.1）
42 http：//www.northwestaccreditation.org/history.html （最終確認日：2010 年 5 月 3 日）
43 Northwest Association of Schools and Colleges, op.cit.,p.1
44 西部協会は 1962 年に設立されており、すでに北西部協会との間で対象範囲をめぐるコンフリクトが生じていたが、それが終息していったのが 1967 年頃だとされている。(Bemis, J.F. 'Northwest Association of Schools and Colleges,' "*North Central*

3. 小 括

Association Quarterly," Vol.52, No. 3, Winter 1978, p.377、および Siverson, L.E., Swensen, R.E., and Andersen, K.J., 'Western Association of Schools and Colleges,' "*North Central Association Quarterly*," Vol.52, No. 3, Winter 1978, p.387 を参照。）

45　http：//www.nwccu.org/　（最終確認日：2010 年 5 月 3 日）
46　http：//www.northwestaccreditation.org/history.html　（最終確認日：2010 年 5 月 3 日）
47　Northwest Association of Accredited Schools, "*Proceedings and 2008-2009：Directory of Accredited Schools*," 2009, p.i
48　*Ibid.*,p.5
49　Northwest Association of Schools and Colleges, "*Policies and Procedures 2010 Draft Edition*," p.3
50　Northwest Association of Accredited Schools, "*Proceedings and 2008-2009：Directory of Accredited Schools*," 2009, op.cit.,pp.7-12
51　http：//www.northwestaccreditation.org/members/apply.html（最終確認日：2010 年 5 月 3 日）
52　Northwest Association of Schools and Colleges, "*Policies and Procedures 2010 Draft Edition*,", pp.15-16
53　http：//www.northwestaccreditation.org/faq/index.html（最終確認日：2010 年 5 月 3 日）
54　http：//www.northwestaccreditation.org/faq/index.html（最終確認日：2010 年 5 月 3 日）
55　http：//www.northwestaccreditation.org/faq/index.html（最終確認日：2010 年 5 月 3 日）
56　Northwest Association of Schools and Colleges, "*Policies and Procedures 2010 Draft Edition*," p.24
57　http：//www.northwestaccreditation.org/publications/selfstudy.html（最終確認日：2010 年 5 月 4 日）
58　Northwest Association of Schools and Colleges, "*Policies and Procedures 2010 Draft Edition*," p.25
59　*Ibid.*,p.24
60　http：//www.northwestaccreditation.org/publications/Reports.html（最終確認日：2010 年 5 月 4 日）
61　Northwest Association of Schools and Colleges, "*Policies and Procedures 2010 Draft Edition*," p.25
62　Northwest Association of Schools and Colleges, "*Northwest Association of Schools and Colleges 75 year History 1917-1991*," 1991,pp.231-234 に基づいて浜田が作成。1973 年以前の学校種別は "secondary school" だが、1974 年移行は次第に種別が多様化しており、ここでは "high school" のみの数字を抽出した。
63　Northwest Association of Schools and Colleges, "*Northwest Association of Schools and Colleges 75 year History 1917-1991*," 1991,pp.231-234 に基づいて浜田が作成。
64　Northwest Association of Accredited Schools, "*2009-2010 Accredited Schools.*"
65　http：//nces.ed.gov/programs/digest/d09/tables/dt09_097.asp　（最終確認：2010 年 5 月 4 日）による。

第 1 章　地域協会による認証評価の発展と特徴　63

66　http：//www.northwestaccreditation.org/our-history（2012 年 10 月 5 日最終確認）
67　第 6 学年から始まるかそれ未満の学年をもつ学校で、最高学年が第 8 学年までの学校。
68　第 7 学年未満の学年をもつ学校は含まない。
69　第 6 学年から始まるかそれ未満の学年をもつ学校で、最高学年が第 9 学年以上の学校。
70　Western Association of Schools and Colleges, History of the Western Association of Schools and Colleges 1962-87, April 10, 1987.
71　*Ibid.*
72　http：//www.acswasc.org/about_overview.htm（最終確認日：2013 年 8 月 15 日）。なお http：//www.acswasc.org/about_commission.htm では、本文中のものに加えて、チャータースクール、ハワイ州教員協会、全米ルーテル学校認証（National Lutheran School Accreditation）、太平洋諸島が構成メンバーに挙げられている（最終確認日：2013 年 8 月 15 日）。委員会の構成員は、いずれのページでも 32 人となっている。
73　http：//www.acswasc.org/about_criteria.htm（最終確認日：2013 年 8 月 15 日）
74　http：//www.acswasc.org/pdf_general/ACSWASC_FeeSchedule_CaliforniaHawaii-13.pdf（最終確認日：2013 年 8 月 15 日）。なお、2013 〜 14 年度では、会費の引き上げがなされており、またカリフォルニア州とハワイ州とでは異なる会費設定となっている。すなわちカリフォルニア州では、2013 〜 14 年度において、初等学校 550 ドル、ミドルスクール 810 ドル、中等学校 810 ドル（http：//www.acswasc.org/pdf_general/ACSWASC_FeeSchedule_California.pdf、最終確認日：2013 年 8 月 15 日）、ハワイ州では、2013 〜 14 年度において、初等学校 500 ドル、ミドルスクール 810 ドル、中等学校 810 ドル（http：//www.acswasc.org/pdf_general/ACSWASC_FeeSchedule_Hawaii.pdf、最終確認日：2013 年 8 月 15 日）となっている。
75　http：//www.acswasc.org/pdf_general/AccreditationRequestApplicationSteps.pdf（最終確認日：2013 年 8 月 15 日）
76　http：//www.acswasc.org/about_cycle.htm（最終確認日：2013 年 8 月 15 日）
77　http：//www.acswasc.org/vc_volunteering.htm（最終確認日：2010 年 5 月 8 日）
78　http：//www.acswasc.org/calendar.htm（最終確認日：2010 年 5 月 8 日）
79　Accrediting Commission for Schools, Western Association of Schools and Colleges, 'ACS WASC Directory of Schools 2012-2013（Updated July 2012）', http：//www.acswasc.org/pdf_general/ACS-WASC_Directory.pdf（最終確認日：2013 年 8 月 15 日）
80　AdvancED は、次章で検討するように 2006 年から 2010 年の間、7 基準を用いてきたが、2011 年に 5 基準に改訂している。ここに示した基準は 2012-13 年度から使用されることになっている基準である。なお、以前に用いられていた 7 基準は以下の通りである。基準 1：ビジョンと目的、基準 2：ガバナンスとリーダーシップ、基準 3：指導と学習、基準 4：教育成果の記録と利用、基準 5：諸資源と支援のシステム、基準 6：ステイクホルダーとの対話と関係、基準 7：継続的改善へのコミットメント。この基準枠組みの変更に伴い、基準の下位に設定される各評価指標や、具体的な評価活

3. 小　括

動実践がどのように変化したのかについては今後の検討課題である。

81　当該学区はアトランタから 50 マイルほど東に位置する学区で、8 つの小学校、4 つのミドル、3 つの高校（うち 1 校はラーニングセンター）を擁する。ここ 10 年間で生徒数が 7000 人から 13000 人に増加、貧困層にあたる家庭の割合が 30% から 60% に高まる、ヒスパニックの割合が大幅に高まるなど、学区を取り巻く環境は大きく変化している。またジョージア州内で最も早く「学区認証評価」を受けた学区の一つである。

82　ニューイングランド協会は「継続認証（continued accreditation status）」「警告認証（warning status）」「介入認証（probation status）」の 3 段階、ミドルステーツ協会は「認証（Accreditation）」「条件付き認証（Accreditation with Stipulations）」「介入認証（Probationary Accreditation）」「認証解除（Removal of Accreditation）」の 4 段階、西部協会は「6 年間の認証」、「3 年以内に調査を義務付けられた 6 年間の認証」、「3 年間の認証」、「1 年もしくは 2 年間の認証」、「不認証」という 6 段階を設けている。

83　プログラムの詳細については次章の表 2-4-1 を参照

84　AdvancED *"Learning from Accreditation：2009 AdvancED Study"*, 2009, p.22.

85　Rothstein,R., Jacobsen, R. and Wilder, T. "From Accreditation to Accountability", *Phi Delta Kappan,* May 2009.

86　我々の訪問調査時に、イノベーション部門の担当役員であるイヴォンヌ（Yvonne Caamal Canul）氏は、認証評価は一部の学校が対象で、一度認証を受けるとあとは維持にのみ注力されることになるが、学校改善はもっと多くの学校で必要とされる、ということも、活動力点をシフトした大きな理由であるとインタビューで述べていた。ここには、彼らの組織維持・拡大という意図とは別に、従来の認証評価の限界に関する認識が浮かんでいる。

87　AdvancED, *"Accountability 2.0：A Model for ESEA Reauthorization,"* January 2010

第2章　学校改善のツールとしての認証評価の展開
── AdvancED の創設に着目して

　前章で述べたように、AdvancED はその活動内容や組織構造等がここ数年のうちに大きく変化している。本章では、主に 2010 年にわれわれが行った訪問調査データをもとにしながら AdvancED がいかなる意図のもとで創設され、それがこれまでの地域協会ベースで行われてきた活動とは異なるどのような活動を展開しようとしていたのかについて明らかにする。

1．AdvancED の創設 ──北中部協会と南部協会の統合

　アメリカにおける学校認証評価は、ボランタリーな性格をもつ全米を6地域に分けた地域協会によって担われ、発展してきた。ところが、2006 年に加盟校の多い2つの地域協会、すなわち北中部協会（NCA）および南部協会（SACS）の「認証評価と学校改善のコミッション（The Commission on Accreditation and School Improvement：CASI)」と、全米学校評価研究所（National Study of School Evaluation：NSSE）が統合し、AdvancED という新たな組織が創設された。ただし、NCA CASI および SACS CASI は統合後もそれぞれの所管区域を維持しつつ認証評価活動を実施している[1]。創設時において AdvancED による認証評価を受けている学校数は、公立私立を合わせて約 27,000 校に上ると公表されている。

　AdvancED は、「世界規模での教育の卓越性の推進（advancing excellence in education worldwide）」を目標にして 2006 年に創設された。その目的は、「各

学校・学区の状況に応じた認証評価、研究、継続的な改善の強力な組み合わせ」[2]を提供することにあった。AdvancEDが取り組む主な活動を示したのが、表2-1-1である。

その他の地域協会との性格の違いに着目してみると、他の地域協会の基本的性質が"各地の学校関係者の相互協力・互恵的連携に向けた代表者の自発的集合"と捉えられるとすれば、AdvancEDは、"Corporation＝法人・団体として、さらに効果的な目的達成を目指す機動的な事業体"としての性質を有するものと、仮説的に捉えることができる[3]。

このような性質の違いはAdvancEDの組織構成において特徴的である。まず理事会（Board of Trustees）には、理事長および副理事長のもとに6人の理事がいる。理事は、民間企業から2名、大学教員1名、私学校長1名、学区教育長1名、教員1名となっている[4]。この理事会のもとに、最高経営責任者（CEO）と4つの部門が置かれている。すなわち、認証評価部門（Accreditation Division）、専門職としての学び部門（Professional Learning Division）、イノベーション部門（Innovation Division）、情報およびテクノロジー部門（Information and Educational Technology Division）の4部門である。

上述のようにAdvancEDは、NCA CASI、SACS CASIおよびNSSEというボランタリーな組織が創設の土台となっている。しかし表2-1-2からは、AdvancEDにおける活動の中核が、「学校や学区といったシステムにおいていかに継続的な改善（continuous improvement）を生起させ、それをサポートすることができるか」におかれているものと理解できよう。それまでのアメリカにおける地域協会の活動は、定期的に学校の教育水準の質を評価・認証することを活動の中心に据えていた。その点と比較すると、専門職としての学びやイノベーションという概念を用いながら、認証評価のみにとどまらず継続的な改善を促進・支援するための活動をより強化しようとする指向性を確認することができる。

第2章　学校改善のツールとしての認証評価の展開

表2-1-1　AdvancED が取り組む主な活動

活動の枠組み	具体的活動
認証評価（accreditation）	質の高い基準、継続的な改善、質保証、戦略的なパートナーシップ
調査・研究（research）	知識経営、研究、イノベーションの開発
成果物とサービス（product and service）	出版、調査、web を使った改善ツール
専門職としての学び（professional learning）	専門職能開発、学会、コンサルティング、e ラーニング

出典：AdvancED.,AdvancED Self-Assessment &Exective Institutional Summary Assessing, Completing, Submitting, 2010b,paper presented at AdvancED 2010 Conference in Atlanta をもとに照屋が作成

表2-1-2　AdvancED の CEO および4部門のミッション

部　門	ミッション
CEO	内規によって定められた権限や責任を行使する。
認証評価部門（Accreditation Division）	世界中の学校や学区を対象に、厳しいスタンダードを満たしているか、継続的な改善に取り組んでいるか、教育の質保証に関する証拠があるかという現在進行中のプロセスについて自己評価および第三者評価（internal and external review）を行い、質の高い認証評価サービスを提供する。
専門職としての学び部門（Professional Learning Division）	継続的な改善および学校・学区認証評価を擁護（champion）し、より豊かにする（enrich）ような質の高い大人の学びの機会をデザインし、開発し、提供する。
イノベーション部門（Innovation Division）	AdvancED が卓越した教育（education excellence）の世界的リーダーであるということから、以下のことを通して AdvancED および教育コミュニティに対してイノベーションを提供、促進、生じさせる。独創的な概念形成（creative ideation）、意味深い研究と知識経営、有用な製品のデザインと開発、戦略的な世界規模のパートナーシップ、効果的なマーケティング事業。
情報およびテクノロジー部門（Information and Educational Technologies Division）	教育における継続的な改善をサポートし、実現可能なものとするためのテクノロジーを用いた包括的な解決策を開発し、導入する。

出典：Bylaws[5] および *We believe in the power of education* をもとに照屋が作成

2. AdvancED による学校認証評価の仕組み

2010 年時点で AdvancED による学校認証評価に際して採用されていたのは、次の 7 つの基準であった[6]。

表 2-2-1 　学校認証評価基準の用いられる 7 基準

1. ビジョンと目的（Vision and Purpose） 2. ガバナンスとリーダーシップ（Governance and Leadership） 3. 指導と学習（Teaching and Learning） 4. 教育成果の記録と利用（Documenting and Using Results） 5. 諸資源と支援のシステム（Resources and Support Systems） 6. ステークホルダーとの対話と関係（Stakeholder Communications and Relationships） 7. 継続的改善へのコミットメント（Commitment to Continuous Improvement）

　認証評価を希望する学校は年会費 \$625 を支払う。初年度は、これに登録料 \$350 が加算される[7]。認証校は次の 3 つの基礎・柱（cornerstones、pillars）と呼ばれる条件、すなわち、①（上掲の)7 基準を満たすこと、②継続的改善プロセスに携わること、③自己評価・外部評価を通じて質保証（Quality Assurance）を示すこと、の履行が義務づけられる[8]。

　認証評価サイクルは、5 年に 1 度の訪問評価（Quality Assurance Review：QAR）を基礎としている。訪問評価の 6 か月〜 6 週間前までに、各校は基準評価報告書（Standards Assessment Report：SAR）を提出する。2010 年 7 月以降は報告書の体裁が変更され、AdvancED 自己評価（AdvancED Self-Assessment：SA）と学校事業概要（学校エグゼクティブサマリー、Executive Institutional Summary：EIS）の提出が必要となる。

　自己評価では、7 基準が 1 〜 3 程度の下位項目に分けられ、各項目に応じた 4 段階のルーブリック（rubric）が設定される。各校はこれを参照して「高く機能している（highly functional）」「運営できている（operational）」「萌芽的である（emerging）」「証拠なし（not evident）」から一つを選び、項目ごとに自己評価を行う[9]。

　外部評価を担う訪問評価チームは、AdvancED による研修・資格付与を受

けた座長が率いる。座長の割り当ては北中部協会と南部協会の各州支部が行い、通常は当該校の他州から招聘する。チーム構成員は、座長との協議を経て州支部が選ぶ。座長・構成員は現役校長、教員、教育長ら教委職員等である。チームは総勢3～7名で、事前に各校から提出された上述の自己評価も踏まえて、2日間以内で各校を訪問し、インタビュー・資料収集等を通じて外部評価を行う。訪問後、チームは訪問結果報告書を作成し、当該校で発見した長所・強みへの賞賛（commendation）、改善点に関する勧告（recommendation）、基準ごとの評価を記載する。

訪問評価の結果を受け取り次第、AdvancEDが認証の可否を決定する。認証には評価結果に応じた種別が設けられており、完全な認証（Accredited）、忠告に基づく認証（Accredited on Advisement）、警告を含む認証（Accredited Warned）、仮認証（Accredited Probation）のいずれかとなる。訪問評価を受けた学校は、認証評価進捗報告書（Accreditation Progress Report：APR）を作成・提出しなければならない。また、毎年、基準の遵守、自己評価と継続的改善、改善結果の記録作成等を行うことが義務づけられる[10]。

その他、各校は認証評価に加えて、学校マネジメントに関する文書・資料の提供、ベストプラクティスの紹介、学校改善支援ウェブシステムの利用、助言者の派遣等のサービスをAdvancEDから受けることが可能である。このように、認証評価の枠を超えた学校改善支援へと業務を拡張しつつある点に、地域協会による活動と異なるAdvancEDの注目すべき特徴を見出すことができる。

3. 学校改善支援を重視する活動の内容と展開

（1）ASSISTの開発

継続的な改善への着目という観点から注目される取り組みの一つが、ASSISTというウェブ上のプログラムである。

ASSIST とは、「Adaptive System of School Improvement Support Tools（学校改善支援ツールの適応システム）」の頭文字をとったものであり、次の 10 項目にわたるモジュールによって構成されている。プロフィール（profile）、データインポート（data import）、自己評価（self assessment）、学校改善計画ビルダー（school improvement plan builder）、プログラム評価（program evaluation）、調査（survey）、認証評価マネジメント（accreditation management）、保証の追跡（assurance tracker）、導入の追跡（implementation tracker）、学習と協働（learn and collaboration）。

　これらの 10 項目が一つのシステムの中に構成されている点にこそ、このプログラムの特徴がある。このシステムを導入することによって各学校は、「自校の分析から改善計画を策定・実施する、その妥当性を評価・認証される、自校が抱える課題に合わせた支援を AdvancED の有するデータの中から選定し提供される」という一連のプロセスを獲得することができるからである。つまり、実施、評価・認証、支援のプロセスを個別的に扱うのではなく、一体的にまた継続的視点を持って導入する点にこのシステムの特徴がある。

　各校は、年間所定費用（初年度 $750、以降 $500）を支払うと、AdvancED からこの ASSIST のウェブページへのアクセス権を与えられる。同ページには各校固有のページが割り当てられ、上記項目に関する設問群に回答を入力していく。それらを通じて、学校の基礎情報や自己評価内容等の入力、学校改善計画の策定への支援・補助、それらの妥当性の評価や新たな支援策の提示が、いわば自動的に行われていくのである。

　AdvancED は、本プログラムの利点について次の諸点を挙げている[11]。

　まず学校に対しては「あらゆる規模の学校および教職員の強みを補完できる広範な計画立案・発展・実施・評価ツールが与えられる」「提出が義務づけられた報告書等を含んで、学校組織・州・連邦で必要なコンプライアンスや保証（assurance）に関するあらゆる側面に対して自動化された支援が与えられる」「学校改善と学校認証評価が明確に関連づけられる」「国中の同業者（類似校）に関する検索可能なネットワークへのアクセス、および高品質な調査・

コンサルティングサポートを与えられる」等である。

また、学区や州に対しても「自動化された計画立案・発展ツールが、規律づけられ、効果的かつ一貫した形で、学校を支援する」等のメリットが挙げられる。

さらに研究者にも、学校に関する各種データ（人口動態・入学者状況、テスト結果、ステイクホルダーの意見結果、共通して使用される学校改善目標・戦略・活動、他）を吟味することにより、全体の傾向や論点を手早く発見可能になる、というメリットが生じるとのことである。

この ASSIST というウェブプログラムの開発は、AdvancED による活動の焦点が学校を認証することから学校改善を支援することへという、これまでの地域協会の活動の枠組みを超えていこうとする新たな動向として受けとめることができるだろう。

(2) 年次大会（annual conference）の開催とねらい

AdvancED は毎年、加盟する学校や学区の関係者を中心的参加者とする、年次大会を開催している。われわれが参加した、2010年4月17日から19日にかけてジョージア州アトランタにおいて開催された年次大会は、「Fast Forward Educating Beyond the Horizon」をテーマに掲げ、全体会（General Session）の他に計79本の自由発表のセッション（Concurrent Sessions）が開かれていた。

この年次大会の目的は次の2点にある[12]。第1は、新たに AdvancED の認証評価を受けることになった、または今後 AdvancED の認証評価を受けようと考えている学校や学区の関係者を対象にして、AdvancED の認証評価プロセスの実際やそのメリットを紹介し、そのための準備をしてもらうことである。もう1点は、既に認証を受けている学校・学区同士が他の学校・学区における取り組みを共有し、学びあい、そこから得られた知見をそれぞれが日々の教育活動の中で活かしていくにはどうしたらよいかを考えてもらうことにある。すなわち、新規加盟校・学区の研修及び開拓[13]と世界規模で

活動するAdvancEDのネットワークを存分に活かした「専門職としての学び（professional learning）」の機会を提供することである[14]。

本大会の特徴は、以下の点で整理することができる。

第1は、プログラムの構成と発表者である。大会のプログラムは、そのテーマや内容によって7つのカテゴリーに分けられ同じ時間に並行して相当数のセッションが開催されている（1セッション1会場）。そのため、参加者はこれらのカテゴリーを参照しつつ、参加するセッションを選択する必要がある。発表者の多くは、実際に現在AdvancEDによる認証評価を受けている学校・学区の関係者である。そのため発表の多くは、自校ないし自学区での取り組みを紹介することが中心となる（ただし、少数ではあるが、大学教員の発表も散見された）。また発表の形式は参加者を巻き込んだディスカッション型となっていることが特徴的であった。先に大会の目的について述べたが、発表をディスカッション形式にすることで、発表者の事例だけでなく参加者の持つ事例についても語られ、学び合いの機会がそれぞれのセッションで自然と作り上げられていくようであった[15]。

第2は、PLC（Professional Learning Community）という理念、概念を使用する発表が多くみられたことである。PLCについて多くの著書・論文を著しているデュフォー（Dufour, R.）[16]によると、PLCとは「教えること（teaching）よりも学ぶこと（learning）に重点を置き、協働的に働き、構成員それぞれが結果に対してアカウンタブルである」[17]、そのようなコミュニティを指すものとされている。そのためこの概念は、「教育に関心を寄せる個人の結びつき、すなわち、学年教職員集団（a grade-level teaching）、学校理事会（a school committee）、高校の教科部会（a high school department）、学区全体（an entire school district）、州教育局（a state department of education）、全米的な専門職団体（a national professional organization）などを説明しうる」[18]概念として提起され、またそのように使われてきた。PLCの特徴は、次の3点を重視する点にある。①生徒の学びの保証（ensuring that students learn）、②協働の文化（a culture of collaboration）、③結果の重視（a focus on results）である[19]。

表2-3-1 AdvancED 2010 年年次大会のセッションテーマ（一部）

(Conference Strands)
【BH】：(Leading Beyond the Horizon)
【TS】：(Teaching Strategies for 21st Century Leaders)
【PL】：(Enhancing Professional Learning)
【CI】：(Continuous Improvement)
【DI】：(Documenting Impact)
【AP】：(Implementing the AdvancED Accreditation Process)
【SE】：(The State of Education-2010 and Beyond)

○ 2010 年 4 月 17 日　8:30-15:00
Pre-Conference Workshop
・Brain-Based Teaching: Making Connection for Long-Term Memory and Recall
・Personal Leadership Styles
・Telling Your Story: Creating, Displaying and Communicating Information

○ 2010 年 4 月 18 日　7:15-8:15
Continental Breakfast and Roundtable Discussions
Table 1　All About Questions
Table 2　Don't Stress Out! Surviving the AdvancED Process: How the Navajo Preparatory School Did It
Table 3　Dotting the I's and Crossing the T's
Table 4　Using Brain-Based Teaching to Ignite Student Learning in Middle Schools
Table 5　Postsecondary: Tips and Techniques for Using the Artifact Management Tool
Table 6　AdvancED/NCA CASI Postsecondary Student Performance
Table 7　Webinars, Blogs, and Wikis- Oh My!
Table 8　Newcomers' Corner
Table 9　Taking the Temperature of School/District Culture
Table 10　Getting and Using Stakeholder Input
Table 11　Enhancing Communications with Stakeholders
Table 12　Engaging Schools in the District Accreditation Process
Table 13　Collaboration Station for Reader Reviewers
Table 14　Collaboration Station for Field Consultants

8:30-9:45
Concurrent Sessions
#1　Preparing for a Quality Assurance Review (QAR) District Visit【AdvancED Presentation】
#2　Professional Learning Communities: Restructuring for School Improvement【PL】
#3　Building a 21st Century School with Google Apps【TS】
#4　The Federal Landscape in an Era of Education Reform【SE】
#5　The Honey Pot of Change: Lessons from Pooh and Friends【BH】
#6　Continuing the Journey: Life After the Visit【AdvancED Presentation】
#7　The AdvancED Accreditation Process: An Overview【AdvancED Presentation】
#8　Building Strong Business and Industry Partnership Builds Strong Career and Technical Education Programs【BH】
#9　Internal Peer Review Teams: Transylvania County Schools' Experience【AP】
#10　Student Centered Accountability: Linking Teacher Practice Directly to Student Achievement Through Timely, Diagnostic "Local" Data Feedback-Loops【DI】

PLC に関する研究発表の様子から、PLC という考え方やその概念が重視する学校改善の在り方に必要性を感じている学校現場関係者が少なくないこと、学校改善の支援を重視しようとする AdvancED においてこの概念が非常に重視されているという傾向を感じることができた。すなわち、協働性やコミュニティという言葉で表わされるように、それぞれの学校内はもちろん、当該学校と学校外との関係性も視野に含みながら学校改善を捉えようとしているのではないか。以下に詳述した学区認証評価もそのような考え方を土台にしたものと仮説的に捉えることが可能である[20]。

4. 学区認証評価の実施[21]

AdvacnED の創設を契機とした特筆すべき取り組みとして、「学区認証評価」(district accreditation) という新たな認証評価がある。学区認証評価のねらいは、「あらゆる生徒の学習の質に焦点づけた、学区全体にわたる継続的な改善を支援するため」にある[22]。地域協会が長らく実施してきた各学校を対象とした学校認証評価との違いは、改善を捉える次の視点にある[23]。第1は、システム視角 (systems perspective) の重視である。ここでいうシステムとは、学区全体を意味し、改善に影響を与えると考えられる学区内の関係性を重視する視角を意味する。第2は、システムとしての改善 (systemic improvements) の重視である。これは個別学校レベルでの改善よりも、学区全体に影響を及ぼす改善に力を注ぐことを意味する。第3は、持続的改善 (sustainable improvements) の重視である。改善は断続的であってはならず、たいてい3年から5年間継続して取り組むことができるよう学区としての能力を確立する必要があると考えられている。

学区認証評価を受けるためには、学区が次の5点の条件を事前に満たしている必要がある[24]。第1に当該学区内のすべての学校が認証評価を受けようとしている、もしくはすでに認証されていること、第2に学区が体系的な認証評価に対して包括的に取り組むよう努力すること、第3に学区が学区認

証評価の諸基準を遵守することを約束すること、第4にすでに学区全体および各学校において継続的な改善に向けた取り組みが実施されていること、第5に学区に自己評価および外部の同業者（peer）による第三者評価のプロセスに取り組む能力があることの5点である。

さて、AdvancEDによる認証評価の特徴は、基準準拠（meeting standards）、継続的改善（continuous improvement）、質保証（quality assurance）の3点で捉えることができる。以下では、この3点から学区認証評価の取り組みを整理してみる。

(1) 基準準拠

学区認証評価には7点からなる基準が用いられる。学区はこれらの基準を常に参照しつつ、改善に向けて取り組むことが求められる。各基準の下位には具体的な指標（indicators）が設定され、その総数は63になる[25]。

表2-4-1　学区認証評価の7基準

1. ビジョンと目的（Vision and Purpose）
2. ガバナンスとリーダーシップ（Governance and Leadership）
3. 教授と学習（Teaching and Learning）
4. 結果の記録と活用（Documenting and Using Results）
5. リソースと支援システム（Resources and Support Systems）
6. ステイクホルダーとのコミュニケーションと関係構築
   （Stakeholder Communications and Relationships）
7. 継続的改善への取り組み（Commitment to Continuous Improvement）

この7点からなる基準の枠組みは学校認証評価と同じである。学校の改善というねらいに関連づけて学区教育委員会の役割や機能を評価しようとするスタンスが示されていよう。前述した学区認証評価のねらいでもある「学区全体にわたる改善」という考えが反映されているともいえる。ただし各基準の下位に設定される指標については、学区、学校それぞれの役割に照らして、設定数やその内容に若干の違いがみられる。

(2) 継続的改善

AdvancEDは「継続的改善」という概念を用いて、次のようなプロセスを重視している。すなわち、「どのような将来を求めるのか」というビジョン (vision)、「現状はどうなのか」を明らかにするプロファイル (profile)、「改善に向けてどのような行動を起こすつもりなのか」という計画と実行 (plan and implementation)、「何を達成したのか」を明確にするモニタリングと結果 (monitoring and result) の4段階である[26]。そのサイクルが回り続けている状態を継続的改善と呼んでいる。そのため、AdvancEDによる認証評価は5年

表2-4-2　学区認証評価のプロセス

時　　期	学区がしなければならないこと
毎　　年	・AdvancEDの「質の高い学区のための認証評価基準」を遵守する ・自己分析と学区改善に継続的に取り組む ・学区内のすべての学校がAdvancEDの「質の高い学校のための認証評価基準」を遵守しているか確かめる ・改善活動の結果を記録する。また学校と学区の児童生徒数の統計や連絡先をアップデートする ・基準を満たす上で重要な学区の能力について本質的な変化があればいかなるものであってもAdvancEDに伝える
質保証評価 (Quality Assurance Review：QAR) 受け入れの6週間から6ヶ月前の間	・基準評価報告書 (Standard Assessment Report：SAR) の準備と提出。これは、学区に対して訪問評価受け入れの準備を手助けすると同時に、評価チームに評価のうえでの基本的情報を提供するものである
QARの年	・QARチームの受け入れに向けて、チームの長とスケジュール調整、準備を行う ・スタンダードに基づいた改善に学区が取り組んできたことを示す証拠や文書を準備、作成する ・QARチームを迎え入れる ・QARチームからの評価報告を学区で共有する ・QARチームからの改善案に基づいた取り組みを開始
QARの1年後	・改善案に基づく取り組みの継続と、その進展状況の記録
QARの2年後	・改善案に基づく取り組みの継続と、その進展状況の記録 ・改善案に対する2年間の学区における取り組み状況を報告

に一度であるが、学区はその間も、第三者評価として実施される質保証評価（Quality Assurance Review：QAR）チームからの改善案に基づいた学区全体にわたる改善に取り組み、その成果を報告する義務がある。

(3) 質保証

　質保証のシステムは学区による自己評価（internal review）と同業者による第三者評価（external review）[27]から構成されている。
　前掲の表 2-4-2 にもあるように認証評価の年に学区は、自己評価として基準評価報告書（Standard Assessment Report：SAR）を、QAR チームを受け入れる 6 週間から 6 ヶ月前の間に準備し提出しなければならない。この SAR は、学区に対しては訪問評価受け入れの準備を手助けするもの、QAR チームに対しては評価を行う上での基本的情報を提供するものという性質をもつ。SAR の作成に当たっては、各認証評価基準についての達成度を、「高く機能している（highly functional）」「運営できている（operational）」「生じつつある（emerging）」「証拠なし（not evident）」の 4 段階で、当該学区の状態をルーピックにチェックするほか、文書による説明記述が必要になる。
　これらの自己評価資料に基づき QAR チームは 3 日半かけて聞き取りを中心とした評価活動を行う。QAR の目的は次の 3 点について評価したうえで、学区の強みを見つけ出すとともに学区改善に向けての改善策を提供することにある[28]。第 1 は基準の遵守、第 2 は学区が取り組む継続的改善プロセスの効果や影響、第 3 は質保証に対する学区の方法論の有効性である。
　聞き取りの対象は学区教育委員会の関係者と学区内の学校である。学校は、QAR チームが無作為に選定し訪問する[29]。学校では学区教育委員会への聞き取りで確認された教育ビジョンや改善に向けた取り組みが各学校の自己評価においても共有されているのかが調査される。それによって、学区ビジョンの達成に向けて学区教育委員会―学校間で適切な支援体制が構築されているかを確認している。この QAR チームの調査結果によって、「完全な認証（Accredited）」、「忠告に基づく認証（Accredited on Advisement）」、「警告を含む認

証（Accredited Warned）」、「仮認証（Accredited Probation）」のいずれかに該当すると認められれば、学区は認証されたとみなされる[30]。

(4) 学校改善への利点と効果

それでは、以上のような学区認証評価のしくみは、学校改善の促進にとってどのような利点や効果があるのだろうか。

まず、学区認証評価の利点については次の4点にあると考えられてきた[31]。第1は、学校を支援することができる点である。学区認証評価は、生徒の学習到達度を向上させるために全体システム（whole system）アプローチを採用している。そのため、学区教育委員会は学区全体での改善を促進するために必要なデータや資源を学校に提供することを通して学校における改善を支援することになる。第2は、改善の一貫性と連続性が保てる点である。学区全体にわたる改善は生徒の学びについての共有ビジョンを必要とする。そのビジョンの形成過程において教科、学年、学校という枠を超えた改善に関する共通言語が獲得され、改善の一貫性と連続性が保てるというのである。第3は、第三者による妥当性の確認（validation）と承認（recognition）という機能である。認証評価のプロセスにおいて学区はQARチームを受け入れる。QARチームは、学区が作成したSARの妥当性を客観的に検証する役割を担っている。それにより、認証評価を受けた学区はその改善努力と教育の質の高さが外部の同業者によって証明される。第4は、継続的改善に取り組むことができる点である。AdvancEDの認証期間は5年である。継続的に認証されるためには、改善に向けた取り組みを単発のものとして終わらせるのではなく、学区内すべてのステイクホルダーが改善に対して持続的に関与し続けることを自ずと必要としている。

以上のような想定に対して、実際に学区認証評価を受けている学区教育委員会はその効果をどのように捉えているのか。2004年3月から2009年10月までに学区認証評価を受けた483学区（全789学区中）から得た回答に基づいてAdvancEDが実施した効果検証研究[32]によると、次の点で学区認証

評価が改善に有効であったという。①学区のビジョンやミッションステイメントの検証、追認、改訂について学区ステイクホルダーの幅広い参加が得られたこと、②学区の全体性に焦点を置くことができたこと、③教育目標や改善計画（improvement plan）がこれまでよりもデータに基づくものになったとともに、それが生徒の学習到達度に焦点づけられたこと、④専門職能開発がより生徒を中心に置いたもの、学区や学校の教育目標と連携したもの、より学校の実態に根差したものになったこと等である。

　われわれがジョージア州で実施したインタビュー調査の中で担当者は、学校認証から学区認証へとその取り組みが変化したことの効果について次のように述べていた。第1は、学区認証評価を受けるためには学区内のすべての学校が認証評価を受けている必要があることから、各学校が個別に学校認証評価を受けていた頃よりも学区教育委員会と学校（特に担当者と各学校長）のコミュニケーションの頻度が増え、認証評価の各基準についての説明と併せて、校長が学校改善に取り組めるよう指導助言を行うことが以前よりも可能になったことである。第2は、認証評価にあたって必要な書類の作成を学区教育委員会が支援することを通して、双方のビジョンを共有、確認し合うことができるようになったことである。それによって、当該学区では認証評価に対して校長や教員が抵抗を感じていないということも効果として挙げられた。

5．小　括　──学校改善支援への指向性

　以上、創設期の AdvancED の組織ならびに活動の特徴について検討してきた。それによると、他の地域協会による活動がいわば「地域」ということを前提にした活動という特徴を持つのに対して、AdvancED の場合は従来の地域別におかれた自発的協会という組織形態ではなく、比較的大規模で機動的な事業体という組織形態を取ることによって、そのスケールメリットと企画開発力を生かした特徴的な活動が実現可能になったものと捉えられる。

5. 小 括

　ところで、統合前組織との関連について改めて触れておくと、先にも触れたように NCA CASI および SACS CASI の名称は、未だ学校関係者の間で広く流通している。われわれが参加した 2010 年度の AdvancED 年次大会においても、彼ら自身、認証評価に関連する局面では、両協会・組織の名称を自分たちの組織名と互換的に用いており、また、学校関係者（校長・教職員）らの中にも同様に用いる者がいた。他方、学校改善等の他の事業に関連しては、一貫して AdvancED の名称を用いていた。その意味では、AdvancED は認証評価に留まらない新たな事業に注力する新しい組織であるが、地域協会が約 1 世紀余りをかけて獲得してきた社会的信頼もしくは教育界における信頼をリソースとして継承することに成功しているようにも見受けられるのである。

　また、NCA CASI、SACS CASI 両組織および NSSE については、統合前から、学校教育活動・学校改善に関する広範な調査研究に基づいて、認証評価等の基準・手続き等の開発・作成等に活用していた。AdvancED においてもその蓄積は活用されており[33]、彼らの諸活動において学校改善調査という研究が基盤になっている点が、もう一つの特徴として注目される。

　学区による学校運営が伝統である米国において、連邦・州の影響力が限定的であり、とりわけ学区・州をまたいで教育の質保証・証明を可能とする共通的な学校評価の制度的諸基盤（学校評価インフラストラクチャー）が不十分である状況を考慮すれば、この組織の準公的とも言える性質・属性と、そこから生み出されうる学校評価・学校改善上の機能については今後も継続して追跡調査していくことが重要になるであろう。

（2 章　照屋翔大）

[注]

1　AdvancED とは NCA CASI および SACS CASI の親組織（parental organization）ではあるが、認証評価だけを活動内容とはしていない。そのため、現在でも学校認証評価について NCA CASI および SACS CASI の名称を引き続き使用しながら実施している。

第 2 章　学校改善のツールとしての認証評価の展開　81

2　http：//www.advanc-ed.org/about_us/?（最終確認日 2010 年 5 月 19 日）
3　規約（Bylaws）によると、AdvancED は正式名称を"Advance Education, Inc."とし、米国税法（内国歳入法 Internal Revenue Code of 1986；Section 501（c）(3)）上の「慈善的、教育的、科学的目的」を掲げた団体として位置付けられるとされる。http：//www.advanc-ed.org/about_us/organization/bylaws/? のセクション 1.01 およびセクション 3.02 を参照。（最終確認日：2010 年 5 月 28 日）
4　ちなみに、理事長は学校長、副理事長は学区教育次長の職に当たっている人物である。
5　http：//www.advanc-ed.org/about_us/organization/bylaws/? を参照。（最終確認日：2010 年 5 月 21 日）
6　前章でも指摘したように、AdvancED では 2012-13 年度より表 1-2-1 に示した 5 基準を用いている。
7　AdvancED（2009）*Annual Accreditation Fees Effective 2009-10*.
8　Rasmussen, M.J.（2010）*Accreditation for the 21st Century：The AdvancED Process for School*, paper presented at AdvancED 2010 Conference in Atlanta.
9　AdvancED（2010）*AdvancED Self-Assessment：Executive Institutional Summary Assessing, Completing & Submitting*, paper presented at AdvancED 2010 Conference in Atlanta.
10　AdvancED（2010）*AdvancED Accreditation Policies and Procedures for NCA CASI and SACS CASI Accreditation*（Effective 2007-08, Updated January 2010）.
11　AdvancED（2010）*ASSIST -Adaptive System of School Improvement Support Tools：Unleash Excellence*, p.6.
12　AdvancED（2010）*Fast Forward Educating Beyond the Horizon*, 2010 AdvancED Conference., p.1.
13　表 2-3-1 において【AdvancED Presentation】と書かれているセッションはそのような志向性が強く、AdvancED の認証評価プロセスに関する基本的な解説が中心となったセッションであった。
14　上海からの参加者や、ヨルダンからの登壇者など、我々（山下・照屋）も含めアメリカ以外の地域からの参加者がいたことを確認できた。
15　ただし、これらの発表が本当に「自由」な応募に基づくものであるのか、ある程度 AdvancED としてよい実践（good/great practice）と認められる学校や学区に依頼をして発表者が決定されるのかについては確認することができなかった。
16　彼は PLC について全米でも権威のある人物として位置付けられているようだ。彼は教員、校長、教育長の職を歴任している。1983 年から 1991 年の間にイリノイ州のアルダイスティーヴンソン高校（Adlai Stevenson High School in Lincolnshire, Illinois）の校長として学校改革に取り組み、その成果は連邦教育省から「アメリカにおいて最も認知され、賞賛に値する学校（the most recognized and celebrated school in America）」として表彰されている。http://www.solution-tree.com/Public/ を参照。（最終確認日：2010 年 5 月 28 日）
17　Dufour, R. What is a "Professional Learning Community?" *Educational Leadership* vol 61

5. 小　括

(8), 2004, p.6.
18　Ibid., p.6.
19　Ibid., pp.6-11.
20　たとえば、French, P. *District accreditation and the PLC connection*, AdvancED 2010 Annual Conference. などもそのような関心からの発表といえる。
21　本節は、拙稿「アメリカにおける学区を単位とした認証評価 (accreditation) の研究―AdvancED の「学区認証評価」を中心に―」『日本教育行政学会年報』第 37 号、118 〜 134 頁について加筆、修正したものである。
22　http：//www.advanc-ed.org/accreditation/district_accreditation/?（最終確認日：2010 年 5 月 28 日）
23　National Study of School Evaluation., *Accreditation for Quality School Systems*, 2004, pp.9-10.
24　Ibid., p.4.
25　学区認証評価の基準も学校認証評価基準と同様に、2011 年に 5 基準へと改訂されている。改訂後の基準は以下の通り。基準 1：目的と方向性（Purpose and Direction）、基準 2：ガバナンスとリーダーシップ（Governance and Leadership）、基準 3：教授活動と学びの評価（Teaching and Assessing for Learning）、基準 4：リソースと支援システム（Resources and Support Systems）、基準 5：継続的改善に向けた結果の活用（Using Results for Continuous Improvement）。
26　http：//www.advanc-ed.org/districts を参照。（最終確認日：2011 年 5 月 31 日）
27　QAR のメンバーは当該学区の抱えるニーズへの適合性やメンバーの専門性を考慮して全米から選定される。AdvancED., *District Accreditation：A Handbook for District*, 2009, p.13.
28　Ibid., p.13.
29　先行研究によると、10 校以内の学区の場合はできるだけ全校への訪問が行われ、それ以上の学区では学校段階、学力水準、人種構成、地理的な偏りなどに考慮して、少なくとも 20％の学校を抽出し訪問している。浜田博文「アメリカにおける学校認証評価（school accreditation）の仕組みと最近の動向」『戦略的学校評価システムの開発に関する比較研究』平成 19 年度〜 21 年度科学研究費補助金研究成果報告書（研究代表者：小松郁夫）、2010 年、74 〜 83 頁を参照。
30　これらを決定する大きな要因は 7 基準の達成度である。「完全認証」はすべての基準において「運営できている」以上の成果が認められる状況、「忠告に基づく認証」は一つ以上の基準において「生じつつある」という状況、「警告を含む認証」は、一つの基準において「証拠なし」という状況、「仮認証」は二つの基準において「証拠なし」という状況にある学区である。各学区は QAR チームからの改善案の進捗報告を行うことが義務づけられているのだが、改善要求を満たしていない、またはそれを怠った場合は認証レベルが繰り下げられ、最終的には認証が取り消されることになる。*AdvancED Accreditation Policies and Procedures for NCA CASI and SACS CASI Accreditation Effective2007-08-Updated January 2010*.（http：//www.advanc-ed.org/webfm_

send/16）を参照。（最終確認日：2011 年 5 月 31 日）
31 National Study of School Evaluation.,*op.cit.*, pp.3-4.
32 AdvancED., *District Accreditation* : *Leveraging Change*, 2010, p.82.
33 例えば、AdvancED と NSSE が連名で刊行している AdvancED & NSSE, *Breakthrough School Improvement* : *An Action Guide for Greater and Faster Results* 等の学校改善支援用の文書が頒布されている。

第3章　アカウンタビリティ制度の展開と認証評価
―― 州・学区・学校での取り組み

1. 学校認証評価制度の全体像と今日的変容

(1) 学校認証評価制度の全体像

　アメリカは伝統的に、地方分権化の程度の高さや学校設置・運営の多様性 (diversity) を教育制度の特質にもつが、同国ではおよそ19世紀末頃より、中等教育機関の増大と高等教育の発展が同時的に進行する文脈で、高等教育機関の入学者選別のための中等教育機関の教育水準の判別が求められた。また、20世紀後半においては、人種差別問題への対応等の要請を発端に、公立学校全体の水準確保や改善促進に関わる課題意識も増してきた。これらを背景に、同国では学校・学区対象の認証評価という独自の学校評価の仕組みが形成されてきた。アメリカにおける学校評価は、各地の学校や学区レベルで日常的に行われている測定・評価行為実態の幅広さもあって、その概念規定の難しさ・不鮮明さが指摘されてきた[1]。しかし、一定の枠組みをもって行われる認証評価は、同国の典型的な学校評価の制度として、若干ではあるが日本にも紹介されてきた。

　認証評価 (accreditation) については序章で概念整理を行っているが、それは端的には、所要の基準に達しているということを所定の機関が公式に承認・認定するとの評価行為を指す。このとき、学校・学区対象の認証評価について言えば、認証評価における「所要の基準」の内容、各学校の基準の充

足を検証(評価主体が行う外部評価や各学校等での自己評価)する一連のプロセス、さらにそのプロセスを支援・促進する仕掛けの態様や定式化の技術などの要素が、効果ある学校評価の仕組みを検討する上で示唆深く、その詳細を明らかにすることが求められよう。

さらに、特に初等中等段階の学校に焦点化すると、アメリカの認証評価制度は、州政府主導で行う評価行為と、非政府機関である地域協会が主体となって行う評価行為とが分立し、それぞれに生成・変容してきた点が注目できる。このことは、同国の認証評価制度の研究において、それぞれの主体が行う認証評価の共通点・相違点の検討や、両者の現代的変容とその意味の考察を、上述の解明作業と組み合わせて行うことの重要性を想起させる。

以下、同国の二つの評価主体による認証評価を概観する。

①州主導の認証評価の概観

まず、州法・規則等の法規定に基づき州教育局が評価主体となって公的に実施するものが、州主導の認証評価である。ただし、全ての州が認証評価に関する法規定を設けているわけではない(次節で示すように、州主導認証評価を実施する州は6割程度である)。州教育局に常設コミッティや担当部局を置き定期的に認証評価を実施していることが明示的にわかる場合のほか、認証評価を設置認可の前提として実施・運用しているように解される場合、法規定のもと基準設定や認証実施を他機関に委任する場合、法規定がなく認証評価の実態なしの場合など、州主導認証評価の制度実態は多様性を帯びている。

制度を公的に導入している州においても、制定時期や制度意図(学校査察、設置認可、水準の保障、その他)、評価の対象(学区ベース・学校ベース)や受審の要求度(任意・義務化)には広がりがある。例えばミシシッピ州では、当初、人種別分化傾向をもつ公立学校の統一を意図して任意受審の州認証評価を制度化(1970)したが、その後州教育改革(教育アカウンタビリティ制度構築)のなかで、同制度を、教育の水準向上に重心を移す形で再編するとともに全公立学区に義務化(1982)しており[2]、このように同一州において認証評価制

度の制度意図や要求度が変容するケースもみられる。

　また、州主導の認証評価では、評価の周期（毎年／数年単位）、評価手続き（書面審査のみ／訪問調査を含む）、用いる基準（standards/criteria）の指向（インプット重視／学校改善重視）、認証評価における評語（格付け）の設定など、評価の内容面も州ごとに多様である。後述の地域協会の認証評価との比較で言えば、州認証評価では、インプット重視かつ法令遵守判定指向の基準設定（さらに書面審査による認証評価実施）がややみられることが特徴的といえるが、アウトカム重視あるいは学校改善指向の基準や手続きを策定している州もあるため、確定的な傾向とまでは言えない。

②地域協会の認証評価の概観

　アメリカの学校・学区対象の認証評価のもう一つは、全米の地域別に創設された地域協会が主体となって行うものである。この地域協会は、19世紀末頃より、上述した中等教育機関増加に伴う水準判別の課題意識のもとに、各地の中等教育・高等教育の関係者が任意加盟団体として組織したものである。現在までに、全米で6つの地域協会（ニューイングランド、ミドルステーツ、西部、北西部、北中部、南部の各地域別）が形成されている。これらの協会は、設立当初はハイスクール段階の中等教育機関と高等教育機関の基準（Standards）作成と、その基準にメンバー校が達しているかを判定する認証評価の開発・実施を活動の主軸としてきた。しかし1950年代以降になると、多くの地域協会は初等学校・ミドルスクール段階の校種に対応したコミッション組織を協会内部に分化させ、それらの校種や学区全体を対象とする認証評価を開発するようになり、協会による認証評価の対象を拡大した[3]。また、最近においては各協会組織に認証評価受審校への支援体制やそのための組織を拡充しているケースもあり、地域協会は校種の拡大に呼応する形で、認証評価における学校改善促進の意味性を強めているように解される。

　地域協会の認証評価は、各協会が定める基準に準拠しての自己評価（セルフスタディ）と訪問評価からなり、この基本骨格は州認証評価と一定程度類

似している。しかし、州認証評価はその基準・評価手続きとも州間で一定の多様性が認められることに対して、地域協会の認証評価では、用いる基準（standards）や認証評価の細かな手続き（コミッション組織の統轄のもと自己評価－専門家チームによる訪問評価を実施）について協会間での共通性が高く、この点が地域協会による認証評価の独自の特質と言いうる。この背景には、20世紀間に6協会が共同利用できる評価基準・リソースを開発してきた（全米学校評価研究所（NSSE）での共同研究）ことを指摘できる。この同質性は、認証評価を受審する学校・学区に、州を超えた学校経営の水準に接する意味・意義をもたらすものと言え、注目に値する[4]。

なお、各地域協会は、地域の教育専門家代表者で設置する理事会・コミッションを通じた協会運営体制、加盟校からの年会費収入を基本とする財政運営の在り方、訪問チームの評価活動のボランタリー性に象徴される認証評価活動の在り方などを通じて、団体としての相対的に強い自律性や、政府（特に州政府）からの独立性を有しており、この点も地域協会の特徴点と指摘できる。

表3-1-1　全米6地域協会の概要（2009年時点）

地域協会名	所管地域	認証校数	協会内コミッション
ニューイングランド（NEASC）	マサチューセッツ州他5州等	約1,600校	初等ミドル、中等、独立、技術、高等
ミドルステーツ（MSACS）	ペンシルバニア州他4州・DC等	約3,200校	初等、中等、総合（架橋組織）、高等
西部（WASC）	カリフォルニア州他1州等	約3,700校	学校、ジュニアカレッジ、シニアカレッジ
北西部（NWAC）※2004年、設置時母体より初等中等教育部門が分離独立。	アイダホ州他6州等	約2,000校	各州にコミッション組織
北中部（NCA）	アリゾナ州他18州等	約8,500校	初等中等、高等
南部（SACS）	ジョージア州他10州等	約13,000校（学区含む）	初等中等、高等

注　：認証校数は、筆者らが2009年度に行った各協会等への訪問調査に基づく（ただし、北中部は南部との統合前の2006年時点での数値）
出典：浜田博文・笠沙知章・山下晃一・大野裕己・照屋翔大「現代アメリカの初等中等学校の認証評価の動向と特徴」（日本教育経営学会第50回大会自由研究発表資料、於静岡大学、2010年6月5日）。

(2) 学校認証評価制度の今日的変容と検討課題

　以上にみたアメリカの二つの主体（州・地域協会）の認証評価は、州、あるいは大学・中等学校関係者（地域協会の設立母体）のそれぞれの意図のもとに形成され、さらに地域協会が政府からの独立性を基本としたこともあって、多くの州において両者は分立・併存している（認証評価の「二重方式」）。この点、先行研究[5]には、州の認証評価（特に1970〜80年代のものが射程）は地方学区システム（複数の学校）を総合的に評価する学区ベースのものが一般的として、両者の一定の棲み分けを想起させる指摘もみられたが、われわれの調査では、学校ベースの認証評価が主である州も一定数あることを確認できた。加えて、地域協会の認証評価は、歴史的には学校ベースであったものの、現在までに学区ベースのものも開発されてきている。したがって、少なくとも現時点では、アメリカの多くの地域で認証評価制度における「二重方式」の状況を認めうる。ただし、歴史的にはカリフォルニア州における州教育局・西部協会による認証評価基準の共同開発（その前提での西部協会の認証評価事業実施）や、地域協会の認証評価を州の認証評価（全部あるいは一部）の代替と認める制度的調整など、両者の関係づけが図られてきた[6]州も一部みられる。

　ところで、1990年代以降の全米的な教育アカウンタビリティ制度構築などを背景に、両者の認証評価ともに変動が生じている。まず、地域協会の認証評価においては、新たな教育アカウンタビリティ制度への対応も意識した、教授学習の質や組織プロセスを重視する評価基準・手続きの開発が一つの傾向となっている。同時に、2006年には北中部協会・南部協会の学校認証評価部門（及び共同研究組織NSSE）の統合によるAdvancEDの創設、2011年には北西部協会のAdvancEDへの合流があり[7]、従来の6地域協会間の関係性の面でも大きな変化が生まれている。つまり、AdvancEDの誕生は、単に所管地域の大規模化に留まらず、地域協会の行う認証評価の内容・機能の大きな変容をもたらしていると推察される[8]。

　一方、州の認証評価についても、各州で構築されている新たなアカウンタ

ビリティ制度と従来の州認証評価の関係づけが、今日的課題となっていると見受けられる。一部の州においては、州認証評価の制度改革を進めると同時に、地域協会の認証評価との新たな関係づけをもたせた制度づくりを模索する動きが始まっている。これまでもみられた州・地域協会間での歴史的な関係性（前述の制度的調整）に加えて、例えばミシガン州やジョージア州のように、州レベルでの教育アカウンタビリティ制度と認証評価の一体的運用の仕組みづくりと同時並行での地域協会（AdvancED）との連携確立など、より踏み込んだ関係性構築の工夫もみられるようになっている（本書第3章3を参照）。この動きは、上述のアメリカの認証評価制度の二重方式を積極的に解消するものにみえるが、そうした動きの価値づけや是非については、認証評価の意味性の変化の解釈を含めて慎重に注視・検証する必要がある。

(3章1　大野裕己)

2. 認証評価と州アカウンタビリティ制度との関係

(1) 全体の傾向

　州の認証評価制度を整備しているのは、全体の約6割程度となる。州の認証評価制度を整備していない州は、ニューイングランド、ミドルステーツ、南部の地域協会管轄の州に多く見られる傾向にある。認証評価制度が整備されている州において、認証評価制度とアカウンタビリティ制度とがどのような関係にあるのかを見てみると、ほとんどの州において、両者は並列して制度化されていると判断できる。

　以上のような傾向の中で、特色ある制度となっているのは、両者が何らかの関係を持って制度化されている州である。そうした州の多くは、北中部協会管轄の地域の州である。以下、両者が関係づけられている制度となっている州について見ていく。

(2) 認証評価とアカウンタビリティとの連動

両者の間に何らかの関係がある州の制度を見ると、3つのタイプに分類することができる。すなわち、認証評価制度の中にアカウンタビリティが位置づけられている制度、逆に、アカウンタビリティ制度の中に認証評価が位置づけられている制度、そして両者が統一されている制度、という3つのタイプである。

①認証評価制度の中のアカウンタビリティ

これは、認証評価として整備されている制度が、アカウンタビリティとしての役割も果たしているというタイプである。

例えば、カンザス州では、Quality Performance Accreditation（QPA）と呼ばれる認証評価制度が整備されている（Regulation 91-31-31 から 91-31-42）。

州教育委員会による認証評価は次の4段階になる。

(1) Accredited；州教育委員会が定めた最低水準のパフォーマンスと質規準を充足

(2) accredited on improvement；2年連続して次の3点のいずれかであった学校；①1つ以上のパフォーマンス規準を充足していない、②1つ以上の生徒サブグループの中の所定割合の者が1つ以上のパフォーマンス規準を充足していない、③3つ以上の質規準を充足していない。

(3) conditionally accredited；3年連続して次のいずれかに該当する；①全児童生徒のうち所定割合が州による評価の熟達基準を充足していない、②4つ以上の質規準を充足していない。

(4) not accredited：5年連続して次のいずれかに該当する。；①全児童生徒のうち所定割合が州による評価の熟達基準を充足していない、②4つ以上の質規準を充足していない。

このQPAが、アカウンタビリティの役割も果たしている。すなわちQPAは、NCLBで求められているAdequate Yearly Progress（AYP）を測定することになっ

第 3 章 アカウンタビリティ制度の展開と認証評価　91

ている。AYP を一つの要素にして、認証評価の地位が決定される (91-31-32)。認証評価の判断材料の一つとしてアカウンタビリティが位置づけられている[9]。カンザス州のほか、インディアナ州、アイオワ州、ウエストバージニア州もこのタイプである。

　またネブラスカ州では、アカウンタビリティ制度における制裁として、認証評価の地位を失うことが規定されている (Rule10)。行政規則では、「学校のアクレディテーションの規則と手続」の中で、継続的な学校改善、アカウンタビリティの報告などについて規定がなされている。アカウンタビリティ制度において求められていることが達成できるかどうかということが、認証評価における地位に大きく影響する仕組みになっていると捉えられる。

②アカウンタビリティ制度の中の認証評価

　これは、アカウンタビリティ制度の中に、認証評価が位置づけられているタイプである。

　例えば、バージニア州では、連邦の NCLB による AYP の測定に基づく制度と、州の認証評価制度による学校に対する評価とがあわさって、州のアカウンタビリティ制度が整備されている。認証評価制度では、学習到達度調査の達成度に基づき、完全認証、暫定認証－卒業率のみ（卒業率のみ認証。高校だけに適用）、警告付認証、不認証、条件付認証（新設校に対して）という 5 段階に格付けされる。これらの認証評価による格付けが、アカウンタビリティとしても意味づけられていると捉えられる[10]。

　テキサス州においても、州のアカウンタビリティ制度の重要な要素として、認証評価が位置づけられている。すなわち、Texas Statutes Education Code CHAPTER 39. にアカウンタビリティ制度に関する規定があり、そのサブチャプターに認証評価が規定されている。さらに Texas Administrative Code の Planning and Accountability (Chapter97) という章の中に、Accreditation Status, Standards, and Sanctions (Subchapter EE) という項が設けられ、認証評価について規定されている。認証評価による格付けが、アカウンタビリティを示すも

表 3-2-1　各州における認証評価とアカウンタビリティとの関係

	州　名	初等中等学校数公立/私立 (09-10)	認証評価
ニューイングランド協会管轄			
E	コネティカット	1165 / 410	州の法規定、州教育省ウェブページの確認の限り、州認証評価制度の存在を確認できない。ただし、ニューイングランド協会の認証を受けた場合、報告を求める等の規定は存在している。
D	メーン	649 / 160	州認証評価に関する規定が存在している。州委員会とコミッショナーが共同で州の初等中等学校の認証評価基準を確立する規則を採択する。認証評価基準は、学校プログラムの卓越性を促進することを意図することとなっている。（Maine Revised Statutes title20 §405（3）E, Code of Maine Rules 05-071Chapter 138）
E	マサチューセッツ	1836 / 830	州の法規定及び州初等中等教育省ウェブサイト確認の限りでは、州認証評価制度の存在を確認できない。ただ、現地調査では、州アカウンタビリティ制度での介入の一つに、ニューイングランド認証があるとの言及があったが、法規等よりこれが事実か確認できていない。
E	ニューハンプシャー	484 / 290	州の法規定、州教育省ウェブページの確認の限り、州認証評価制度の存在を確認できない。ただしニューイングランド協会の認証を、州のアカウンタビリティの代替とできうるとの記述がみられる。
D	ロードアイランド	321 / 160	1998年のEducation Commission of the State（ECS）の調査によれば、州による認証評価は、中等学校に対して制度化されていて、任意で受けることができる。学校は、州もしくはニューイングランド協会のいずれか、もしくは両方の認証評価を受けることができる。（R.I. Code R. 08 060 002）

A：認証評価の中のアカウンタビリティ　B：アカウンタビリティの中の認証評価
C：両制度の統一　D：両制度の並列　E：認証評価制度なし

アカウンタビリティ	備　考
州アカウンタビリティ制度に関する規定が存在している。NCLB に準拠して、教育長官は、連邦法と規制と一致する、州全体の教育アカウンタビリティ計画を作成しなければならない。この計画は、改善が必要な学校や地域を識別し、改善計画の策定と実施を要求したり、報酬や影響を発動するものでなければならないとされている。そして、改善を必要とする学校の特定とそれらに対する手続き規定も策定されている。	
州アカウンタビリティ制度に関する規定が存在している。州コミッショナーは、3～12学年の生徒の学業達成を継続的に測定し、評価するために州全体の評価プログラムを確立しなければならない。コミッショナーは、9～12学年の生徒の成績の代替措置利用を選択的に提供できる。	
州法、規則において学区・学校を対象とする州アカウンタビリティ・支援制度の記述がある。アカウンタビリティ評定により、指定された学区は州規則の指定する基準でレビューを行う必要がある。	
州アカウンタビリティ制度に関する規定が存在している。2009 年州法改正により、学校が適切な教育の機会を提供することを確実にするアカウンタビリティシステムを確立。システムは入力基盤システム（12 of school approval standards 適合。教科10と学年度・高校最低単位）、パフォーマンス基盤システム（州決定指標：生徒の学力達成と伸び幅、調査の参加、卒業、退学、出席。及び地方決定指標の二種）の二つからなる。	
州アカウンタビリティ制度に関する規定が存在している。School Committee は、読みと数学（4、8、10 学年）を含む中核教科領域でのパフォーマンスとそのベンチマークの州全体の基準を採用し、公表しなければならない。これらの基準やベンチマークは、教委によって追認・実施される。学区と学校は生徒の成績の結果に対する責任を負う必要がある。そのため、この本規定の下に州の教育援助を受ける全ての学区では、学区戦略計画を策定することとなっている。	

E	バーモント	323 / 120	州の法規定、州教育省ウェブページの確認の限り、州認証評価制度の存在を確認できない。ただしニューイングランド協会の認証を得た学校に私立学校の認可を行いうる旨の規定などはみられる。
	ミドルステーツ協会管轄		
E	デラウェア	217 / 140	ECS では州認証評価制度が存在することになっているが、引用州法を点検すると、該当条文が改正された記述が確認できる。(124A → 2003 年、学区・学校 Education Profile Reports 提出と州アカウンタビリティを規定する条文に改正、154 → superior accredited, accredited accreditation watch 等の評語での認証評定を、生徒パフォーマンスの評語に置き換える修正(前後条文も州アカウンタビリティ確立を意図する修正))
D	メリーランド	1447 / 790	州教育長の助言を受け、州教委は、全公立学校の approval と accreditation のために条例、規則と規則を採用する(Md. Code Ann., Educ. §2-206(c))。初等中等学校は、州教育委員会の認可がなければ、この州で運営することはできない(Md. Code Ann., Educ. §2-206(e)(1))
E	ニューヨーク	4730 / 2020	州の法規定、州教育省ウェブページの確認の限り、州認証評価制度の存在を確認できない。
E	ニュージャージー	2590 / 1380	州の法規定、州教育省ウェブページの確認の限り、州認証評価制度の存在を確認できない。

州法と関連する州規則（生徒パフォーマンスを基盤とするアカウンタビリティシステム）により、州アカウンタビリティ制度を形成していると判じられる。州規則2510に記述された規則の目的は、(1) 生徒のパフォーマンスを向上させる必要のある、または優れたパフォーマンスを発揮している公立学校と地方教育機関（LEA）を識別するためのプロセスを、「バーモント学習機会基準枠組み」と関連する「数学・国語の学年レベル期待」に照らした内容基準で確立する。(2) 必要に応じて、十分な進歩をしていない学校や学区への技術支援を提供したり、こうした学校や学区にいる生徒に基準を満たすための機会を保障するためのさらなる行動を要求すること、となっている。	
2003年以降、認証評価制度をアカウンタビリティ制度に置き換えた模様。 「州教育省は、生徒達成に関する州規模アセスメントとデラウェア州公立学校制度の教育的な達成の評価について定める州法と一致した規則・規制を採用する。」 州教育省は毎年度、チャータースクール等を含む全公立学校に関する公教育プロファイルを作成。	
州教委、州教育長、各カウンティ委員会と各公立学校は、公立学校の運営管理のために教育アカウンタビリティのプログラムを実行する。 教育アカウンタビリティプログラムの内容は、①州教委・州教育長のカウンティの目標策定等への支援、②カウンティの支援に基づく各学校の生徒の教科領域での達成度等の調査、③調査等に基づく各学校のプロジェクト目標等策定、④カウンティ、州の支援に基づく各学校の課題対応プログラムの開発、⑤目標達成度を測る評価、⑥定期的な目標・プログラムの再評価	
州アカウンタビリティ制度に関する規定が存在している。1965年初等中等教育法修正法の1111節及び関連連邦規則の要求事項をより完全に満たすために、理事会（regents）は、このセクションにおいて必要とされる範囲で、成長尺度を用いる形の、強化された州アカウンタビリティシステムを開発し実行する。 理事会は、毎年7月1日までに、州テストにおけるパフォーマンス、卒業率、大学進学率等の学校・学区改善のターゲットを策定することになっている。	
州アカウンタビリティ制度に関する規定が存在している。州コミッショナーは、州の全公立学校の完全性と効率性を評価する目的で、各公立学区のパフォーマンスを評価するためのニュージャージー Quality Single Accountability Continuum を開発し運用することとなっている（この場合州教委の承認並びに公立学校共同委員会の評価を必要とする）。	

E	ペンシルバニア	1301 / 2270	州の法規定、州教育省ウェブページの確認の限り、州認証評価制度の存在を確認できない。2010年渡航調査での公立学校等訪問でも、州認証評価の事実は確認できなかった。
	北中部協会管轄		
D	アリゾナ	2248 / 360	州教育省が、州認証評価を求めるすべての学校の認証評価のための基準と手続きを設定する。（Arizona Revised Statutes 15-239）
D	アーカンソー	1120 / 220	アーカンソー州公立学校及び学区の認証評価に関する基準についてのルール（Rules Governing Standards for Accreditaiotn of Arkansas Public Schools and School District）において詳細が規定されている。
B	コロラド	1793 / 490	1 CCR 301-1 RULES FOR THE ADMINISTRATION OF THE ACCREDITATION OF SCHOOL DISTRICTS 州は毎年学区および学校のパフォーマンスを評価（review）する。
D	イリノイ	4405 / 1730	認証評価（accreditation）の語の代わりに「承認（recognition）」の語を用いるものの、州教育長（State Superintendent）が、州内の公立学校・学区に対して「承認」を与える制度がある。「承認」はスタンダードの充足状況に応じて4段階に分けられる。「完全承認（Fully Recognized）」「経過観察（On Probation）」「承認保留・再調査（Recognized Pending Further Review）」「不承認（Nonrecognized）」（105 ILCS 5/2-3.25）
A	インディアナ	1961 / 910	州教育委員会は公立学校の認証評価を律するスタンダードを制定する。公立学校はアクレディットされなくてはならない。以下の評価尺度に即してアクレディットされる。(1)法的基準の遵守（健康安全、最小時間数、教員生徒比、教育課程、教員資格、州学力調査参加、年次評価、実績報告書作成、改善計画書作成）、(2) 学校改善計画の遵守、(3) 学校改善・成果要求を満たすこと。 　①学業成績に基づくアカウンタビリティを組み込み、それに加えて②法令遵守、③毎年の学校改善計画提出という3つの要素の達成状況に応じて、完全認証、暫定認証、暫定認証（一部留保）、観察付き認証の4段階で認証評価を行う。

州アカウンタビリティ制度に関する規定が存在している。 州は、全ての学区、公立初等・中等学校は州法で規定するAYP（Adequate Yearly Progress）を達成することを効果的に確証しうる、単一の州全体のアカウンタビリティシステムを開発して、実装することとなっている。	
州教育省が、毎年の公立学校と学区の成績プロファイルを編纂する。アカウンタビリティ制度を整備している。	
スタンダード、評価（assessment）、生徒の学習到達度（student performance）、職能開発（professional development）からなる教育アカウンタビリ制度を構築。	
2009年に教育アカウンタビリティ法（Education Accountability Act of 2009）が成立。これは2008年に成立した「子どもたちのためのコロラド州学力到達度計画法（CAP4K）」の示す目標と提携するものである。CAP4Kの目標は、ハイスクール卒業時にすべての子どもたちが大学や職業で成功する準備ができているようにするという点にある。またNCLB法のTitle IA、Title IIA、Title IIIAに該当する学区は、追加的なアカウンタビリティの測定が求められることになる。	Education Accountability Act of 2009において認証評価が規定されている。
「公立学校アカウンタビリティフレームワーク」（Illinois Administrative Code）。州教育委員会（State Board of Education）は、州が生徒に期待する知識とスキルを決定するよう州学校法によって求められている。これらの「学習のための州のゴール」は「イリノイ学習スタンダード」として展開される。さらに州学校法は、公立学校のための「承認」のスタンダードを設定するよう求めている。	毎年、各学区が自学区内の公立学校に関する「承認」を地域教育長（中間学区教育長）に申請して、地域教育長がそれを集約し、様々な情報を勘案した上で、各学校・各学区がどの「承認」段階に該当するかについて提案を作成して州教育長に送付する。それを受けた州教育長が各学校・各学区に対する最終的な「承認」段階の決定を行う。
PL221（Public Law 221、1998年）と呼ばれる法的枠組みに即して、生徒の学業成績の結果をベースとして、そこに年次成長率（growth）または改善度（improvement）も加味した上で、各学校のアカウンタビリティ達成度をA～Fの6段階で評価する。	

A	アイオワ	11468 / 230	認証評価は学校および学区のための進行中の学校改善過程に焦点を当てている。「総合認証評価基準（general accreditation standards）」は、アクレディットされるアイオワ州の学区が満たすべき最小限の要求である。「総合認証評価基準」は、アイオワ州の全ての児童生徒に対して高い期待を持つような適切な教育プログラムを利用可能にするという州の責任（responsibility）を満たすことを意図する。認証評価は5年サイクルで実施され、3年目に訪問調査と総合評価書の作成が行われる（Iowa Code 256.11、281--Iowa Administrative Code Chapter12）
A	カンザス	1419 / 260	Article 6, Section 2（a）of the Kansas Constitution；effective July 1,2005 により、Quality Performance Accreditation (QPA) Regulations 2005 を制定して州認証評価を規定。 QPA. 91-31-31. 州教育委員会による認証評価は次の4種。 （1）Accredited；州教育委員会が定めた最低水準のパフォーマンスと質規準を充足（the minimum performance and quality criteria established by the state board） （2）accredited on improvement；2年連続して次の3点のいずれかであった学校；①1つ以上のパフォーマンス規準を充足していない、②1つ以上の生徒サブグループの中の所定割合の者が1つ以上のパフォーマンス規準を充足していない、③3つ以上の質規準を充足していない。 （3）conditionally accredited；3年連続して次のいずれかに該当する；①全児童生徒のうち所定割合が州による評価の熟達基準を充足していない、②4つ以上の質規準を充足していない。 （4）not accredited：5年連続して次のいずれかに該当する。；①全児童生徒のうち所定割合が州による評価の熟達基準を充足していない、②4つ以上の質規準を充足していない。 (91-31-37. Accreditation recommendation and appeal.) 州教委は毎年、地方学区教育委員会宛に、各学校へのレコメンデーションを提示する。
C	ミシガン	3879 / 1070	認証評価とは「ある学校が一定の諸基準（standards）を満たすか超えている」ことを州教育長によって保証される（certified）ことを指す。満たすべき「諸基準」とは、学校の経営と組織、カリキュラム、教職員、学校施設・設備、学校と地域の関係、学校改善計画と学業成績の各領域に渡って設定される。認証評価の過程における各学校の評価には、基礎的な学校の諸情報の集約、学校自己評価の実施、訪問調査と正当性承認、認証評価に用いる成績情報の確定、学校改善計画の開発が含まれる。

児童生徒の学業成績のためのアカウンタビリティをスタンダードと認証評価の過程に組み込み、そして児童生徒の学業成績を報告するような規則を開発し、採用することが、州教育委員会の義務の一つである。	認証評価を保持できない学区は、州教育委員会によって、一つ以上の隣接学区と統合される。
カンザス州のアカウンタビリティ制度、すなわち Quality Performance Accreditation（QPA）と呼称される学校認証評価制度は、州内すべての学区教育委員会と公立学校を対象とするものである。この制度はすべての公立学校についての AYP を示すものである。	州認証評価制度の中にアカウンタビリティ制度を組み込む形で Quality Performance Accreditation（QPA）として一体化
アカウンタビリティ制度として特定の形態は持たず。左記のミシガン州認証評価制度（Education YES）の他、ミシガン州教育者評価制度（Michigan's Educator Evaluations）、ミシガン州学校レポートカード（Michigan School Report Card）、ミシガン州ビートジオッズ（Michigan Schools "Beating the Odds"）等の制度が総合的・複合的に用いられて、アカウンタビリティのための仕組みと捉えられている。	

E	ミネソタ	2433 / 520	州法規定、州教育省ウェブページの確認の限り、州認証評価制度の存在は確認できない。
C	ミズーリ	2427 / 690	「ミズーリ学校改善プログラム（Missouri School Improvement Program）」という、州内522の学区を評価（reviewing）し、認証評価を行うプログラムにおいて実施。認証のクラスによって、必要な手続きに違いを持たせている（認証クラスが低いほど手間がかかる形になる）。認証クラスは次の通り。 (i) 認証（Accreditation） (ii) 暫定的認証（Provisionally Accreditation） (iii) 不認証（Unaccredited） 2011年9月現在、全522学区の内、(i) が510学区、(ii) が9学区、(iii) が3学区という内訳になっている。（Missouri Revised Statutes 161.092, Rules of Department of Elementary and Secondary Education Division 20—Division of Learning Services Chapter 100—Office of Quality Schools, CSR 20-100.170 Missouri School Improvement Program）
A	ネブラスカ	1120 / 220	教育プログラムの機会と質の両方を保障するため、州内すべての公立学校は州教育委員会によって定められた、質とパフォーマンスベイストによる認可（approval）または認証評価基準を満たすよう要求される。（State Code 79-703）
D	ニューメキシコ	855 / 190	州教育省は、州による認証評価を望むすべての公立学校および私立学校を査定、評価する（N.M. Atat. Ann. 22-2-2 G.）という規定がある。任意の制度として存在している。

ミネソタでは、州全域の公立学校・学区に対する単一のアカウンタビリティ制度として、ミネソタ総合学力調査第2版（MCA-Ⅱ：Minnesota Comprehensive Assessments-Series Ⅱ）に基づいた制度を採用する。この学力調査の結果に基づき、以下の4つの異なる達成レベルが報告される；Dレベル（Does Not Meet the Standards）、Pレベル（Partially Meets the Standards）、Mレベル（Meets the Standards）、Eレベル（Exceeds the Standards）。	教育アカウンタビリティと公的報告（public reporting）：州教育委員会は、より良い学業達成度、高等教育への準備、労働世界・シティズンシップ・芸術への準備を促進するような教育アカウンタビリティと公的報告に関する、調整された総合的制度を確立しなくてはならない。高水準の学業成績に向けて学校と学区をアカウンタブルに保つため、政策とアセスメントプロセスを発展させる中で、州教育長は、州全体、学区レベル、学校レベルでの児童生徒の進歩のレベルと学業成績を報告するため、経時的な児童生徒のデータを集めるものとする。
「州年次到達報告（State Annual Performance Report）」と連邦が要求するAYPの2点を教育アカウンタビリティに関するデータとして位置づけている。	
州教育委員会が、児童生徒個人個人のアチーブメントについて、州教育局で作成したシステムを用いて調査するための州全体にわたる制度を実行する（State Code 79-760.05）。	州認証評価がAdvancEdと類似枠組み
州が設定する学習内容（academic content）や到達基準に沿った、また学校や学区のAYPを測定する州全体にわたる評価とアカウンタビリティの制度を構築している。	

C	ノースダコタ	517 / 50	Administrative Rules（Section 67-19-01-01 から Section 67-19-01-43）（2000年1月施行）において基準・規準の内容を詳細に規定。単純に有無を判断する項目とポイント加算の項目から構成。「1.Requiredの基準・規準をすべて充足」「2. 学校に適用されるポイントの85%以上を充足」「3. 各資格職員の有無やクラスサイズ、生徒の評価計画やハンドブックの有無などの所定算定表によるポイントの50%以上を充足」の3つの条件を満たす学校がアクレディットされる。これらについての情報は学校が毎年提出して評価を受ける。加えて、教育改善プロセス（67-19-01-15. education improvement process）について5年間隔で評価。生徒の達成度（州アセスメントのデータ）がどのように導かれているかについて、外部の同業者による評価を受ける継続的なプロセス。NDの認証評価は、学校のカリキュラムや人的・物的条件などの条件にプロセス条件をあわせもち、アカウンタビリティシステムで問われる達成度の向上に結びつけられたものとなっている。州教育局はAdvancEDと提携してAdvancEDの研修会への参加を奨励。
E	オハイオ	3796 / 1760	州法規定、州教育省ウェブページの確認の限り、州認証評価制度の存在は確認できない。
D	オクラホマ	1795 / 250	Statutes 70-3-104-4. 1991年2月1日付けで州教育委員会は州内の公立学校の認証評価のための基準を採用。認証評価基準にはカリキュラム基準をくみいれることとし、Section 11-103.6に従って1993-1994年度に確立する。 認証評価基準はNCAによって広められている基準と同じかまたはそれを超える基準であるべきものとする。 認証評価基準は州教育局内でpublic inspectionに活用すべく作成される。 ハイスクールは1995年6月30日までの間に認証評価基準を充足するものとする。 小学校と中学校は1999年6月30日までの間に認証評価基準を充足するものとする。 もし期限までに1校以上の学校が基準を充足していない場合、州教育委員会はその学校を閉校として児童生徒を学区内あるいは近隣学区の認証評価を受けている他の学校へ移す。

North Dakota State Assessment System によって対応。North Dakota Consolidated State Application Accountability Workbook を作成して内容を規定。	インプット条件、プロセス条件を合わせた認証評価。アウトカムを導く改善プロセスを意識して構成された認証評価。アカウンタビリティシステムと一体化。AdvancED とも提携。
州インディケーター（State Indicators）、パフォーマンス指標（Performance Index）、付加価値（Value-Added）、AYP の4つの評価尺度によって、各学校および学区における児童生徒の学業達成度と進歩状況を測定する。それに基づいて格付けの名称（特に優秀、優秀、効果的、継続的改善中、学業的監視、学業的緊急事態）が与えられる。	2008年、NCLB のアカウンタビリティ制度から離脱して州独自のアカウンタビリティ制度の運用を認められる「独自アカウンタビリティ試行州（"Differentiated Accountability Pilot"）」の一つになることを、連邦教育長官から承認された(他の5州はフロリダ、ジョージア、イリノイ、インディアナ、メリーランド)。
州教育委員会に教育監督委員会（Education Oversight Board）が設置され、それが Statutes 70-3-117 に基づいて設置されたアウンタビリティ局を管理運営する。 §70-3-116.1. Educational Accountability Reform Act（2009） §70-3-118. Secretary of Education - Powers, duties and responsibilities. 教育局長は、次の責任を負う。 1. アカウンタビリティ局を監督する。 3. この法律ほかの規定を学区教育委員会が遵守するよう努めていることをモニターする。・・・・	州認証評価、アカウンタビリティシステム、任意認証評価の並列 1991年以前から、カリキュラム基準に基づく州認証評価が存在。

C	サウスダコタ	714 / 70	州認証評価システムは、州内のすべての学区、公立学校、私立学校が州法・行政規則などの法令を遵守していることを証明する制度。学区認証評価を州独自に学区訪問評価を5年サイクルで実施。学校改善プランのテンプレートが州で作られているが、事前に学区が申請すれば、所定の外部認証評価機関（NCAもそのうちの一つ）の改善プランでも許可。その場合も当該学区は州からの訪問評価を順番で受ける。2005年 state administrative rules にて、District Accreditation and Improvement の規定を設ける。"accreditation"とは、一つの学区教育委員会（a school system）が州教育委員会によって設定されたスタンダードを満たしているとして資格証明するという意味である。（South Dakota Codified Laws 13-1-12.1, 13-3-47, Administrative Rules 24：03）
A	ウエストバージニア	759 / 140	プレ幼稚園から第12学年までの教育制度（education system）は、公的認証評価制度を持つべきである。その制度は；(i) 地方学区をして州が価値を置く児童生徒のアウトカムに対して責任を持たせる（accountable for）ものである；(ii) 公衆に対して、地域の学校の質を判断するための、理解可能なアカウンタビリティのデータを提供するものである（WVC §18-1-4 (f) (2)）。
E	ウィスコンシン	2242 / 890	州法規定、州教育省ウェブページの確認の限り、州認証評価制度の存在は確認できない。
D	ワイオミング	363 / 40	全ての学区および学区内の公立学校は州教育局によってレベルの異なる認証評価を与えられる。（W.S. 21-2-202 (c)、W.S. 21-2-203 (e) (ii)、W.S. 21-2-304 (b) (ii)、and W.S. 21-2-305 (a) (ii)）認証評価のレベルは以下の通り。 (i) 完全な認証（Full Accreditation） (ii) 追跡調査を要する認証（Accreditation With Follow-up） (iii) 不完全さの残る認証（Accreditation With Deficiencies） (iv) 暫定認証（Conditional Accreditation） (v) 認証なし（Non-Accreditation）
	南部協会管轄		
E	アラバマ	1600 / 580	州独自のシステムとしてはないが、SACSをはじめとする外部の認証評価機関の基準を用いることはある。（Alabama Code §16-13-232）

SL 2003, ch 90, § 1. で州アカウンタビリティシステムを規定。 単一で州全体にわたる州アカウンタビリティ制度。この制度は公立学校および学区教育委員会が在籍する児童生徒の学力アチーブメントに対してアカウンタブルであるよう保持するものである。そしてすべての公立学校と学区教育委員会が在籍児童生徒の学力アチーブメントを継続的・持続的に改善させるという点で十分な進歩を毎年可能にするということを保障するものである。	学区単位の改善プロセスを意識した認証評価。NCA以外の認証評価団体の改善計画テンプレートも認める。
パフォーマンスに基づく認証評価制度 この規則は、ウエストバージニア州の公立学校のAYPを決定するためのアカウンタビリティ制度と、児童生徒、学校、学区制度のパフォーマンスと進歩に関するスタンダードと測定に基づいて、児童生徒の21世紀への準備状況、ならびに教育の質を測定するような教育パフォーマンス監査制度を確立する（accreditationとauditを同義で使用）	州認証評価制度が依拠するアウトカムとは厳格であるべきであり、全米学力調査（the National Assessment of Educational Progress：NAEP）や、ACTやSATや国際学力調査（Programme for International Assessment：PISA）等の国家的・国際的スタンダードに即すべきである。
州教育長は、学校および学区のパフォーマンスレポートを開発する。そのレポートには、学校や学区によって提供される以下の事柄が含まれる：児童生徒のテストの成績を含む学業達成度の指標、退学率・出席率・留年率等の他の指標、教職員および財政に関するデータ等である。州教育長は、成績が低迷する学区や、州の最低基準を満たさない学力の児童生徒が在籍する学校を明らかにしなければならない。州教育長は、それらの学区や学校の教育プログラムや運営がいかに改善されるべきかについて提言を行い、その提言が学区によって遂行されているかどうか、定期的に査定するものとする。	毎年1月1日までに、各学区は在籍する児童生徒の保護者に対して、学校と学区のパフォーマンスに関するレポートを提供する権利があることを通知しなければならない。
州は州法並びに連邦法の要求する内容で構成された、報償と制裁に基づく州全体にわたる教育アカウンタビリティ制度を構築している。その詳細については、連邦教育省の承認を受けたワイオミング州アカウンタビリティワークブックに規定されている。（W.S. 21-2-304 (a)(vi)）.	認証評価（School Accreditation）について規定したRules and Regulations内の項目としてアカウンタビリティに関する規定がある。
州教育委員会はアラバマ州内の公立学校に対するアセスメントプログラムの導入を要求する。このプログラムは全米において標準化されたテストまたは基準参照テストのいずれか、もしくはその両方を含むものである。（Alabama Code §16-6B-1）	

E	フロリダ	4043 / 1960	州法規定、州教育省ウェブページの確認の限り、州認証評価制度の存在は確認できない。
E	ジョージア	2461 / 820	州法規定、州教育省ウェブページの確認の限り、州認証評価制度の存在は確認できない。
E	ケンタッキー	1542 / 360	州法規定、州教育省ウェブページの確認の限り、州認証評価制度の存在は確認できない。
D	ルイジアナ	1488 / 460	1979-1980年度以降、州教育長は、教育の目的と目標の達成度に基づく公立学校に対する認証評価の基準を制度化する（RS 17：391.9）
D	ミシシッピ	1085 / 320	州教育委員会は、15名から構成される学校認証評価委員会を任命する（Miss. Code Ann. 37-17-3）。同委員会を通じて、パフォーマンスに基づいた認証評価システムを構築し、すべての初等・中等教育学校はこのシステムの下で認証されなければならない（Miss. Code Ann. 37-17-6）。
D	ノースカロライナ	2550 / 670	学区教育委員会の求めに基づき州教育委員会は、学区内の学校について、そこで提供している教育が必要な水準・質に達しているかを評価しなければならない。その際、（ⅰ）地域別または全米の認証評価団体、（ⅱ）全米知事会と州教育長協議会が開発したCCS、（ⅲ）その他の適切と思われる情報を基に厳格な認証評価基準を採用するものとする。（North Carolina General Statutes115C-12 (39)）
B	サウスカロライナ	1206 / 400	州法の教育条項の教育アカウンタビリティ法（1998年制定）の中で認証評価制度について規定がなされている（South Carolina Code of Laws 59-18）。アカウンタビリティ制度の一つの要素として位置づけられている。All Clear、Advised、Warned、Probation、Droppedの5段階からなる認証評価のシステムを構築している（South Carolina Code of RegulationsSouth Carolina Code of Regulations 43-300）。

年次到達目標、各生徒の学習成果、school grades、投資利益（return on investment）を含む（しかしそれらに限定されるのではない）、複数の要素から構成される唯一の統一的なアカウンタビリティシステムを構築。 ・このシステムは NCLB が要求する内容を満たすものである。	
SSAS（唯一の州全体にわたるアカウンタビリティシステム）とよばれるアカウンタビリティシステムが構築されている。 State Education Rules 16--7-01. に構成要素の詳細が記載されている。	
州教育委員会は、成功している学校を見分けるための制度を構築するための規則を設けるものとする。州教育委員会は、改善目的を上回り、年間退学率が 5% 以下の学校を認定する（recognize）ものとする。州教育委員会は、学区と学校を分類するためのアカウンタビリティ制度を構築するものとする。州教育委員会はアカウンタビリティ測定を満たすことに失敗した学校に対する措置に関して規則を設けるものとする。その措置は当該校の学業成績と学習環境の改善のために設計されるものとする。州教育委員会は、学区アカウンタビリティ制度に関する規則を設けるものとする。	アカウンタビリティ制度には以下の項目が含まれる。1. 芸術と人文科学、実践的な生活スキルとキャリア教育、書きプログラムに関する評価結果、2. 児童生徒の学力評価、3. 学校改善の結果、4. その他教育委員会によって適切と見なされた項目。
RS17：10 に従って生徒の学習到達度と学校の承認に関する最小限の基準に基づいた学校及び学区のための州全体にわたるアカウンタビリティのシステムを設ける。また RS17：391.3 に従い、州教育長は、教育アカウンタビリティのための指針を策定する。	
1997 年にミシシッピ州アカウンタビリティと適切な教育プログラム法（MISSISSIPPI ACCOUNTABILITY AND ADEQUATE EDUCATION PROGRAM ACT OF 1997）が制定され、アカウンタビリティの制度化がなされた。（Miss. Code Ann. 37-151）	
州教育委員会の権限においてアカウンタビリティ制度の構築が規定されている（North Carolina General Statutes115C-12）。州教育委員会は自律的学校経営とアカウンタビリティのプログラム（School-Based Management and Accountability Program）を開発しなければならない。このプログラムは、生徒の学習到達度の改善を目的としている。	
教育アカウンタビリティ法（South Carolina Code of Laws 59-18）に基づきアカウンタビリティ制度が構築されている。公教育にためにパフォーマンスを基礎とするアカウンタビリティシステムを構築する。このシステムは、生徒たちが強力な学問的基礎を備えることができるよう教授学習の改善に焦点を置く。 学区のアカウンタビリティシステムも準備。	参照した法規上は学区を対象にした認証評価となっているが、州教育省の Office of Federal and State Accountability を紹介する HP の記述によると、認証評価は学区だけでなく、学校に対しても行われている模様。

E	テネシー	1772 / 520	州法規定、州教育省ウェブページの確認の限り、州認証評価制度の存在は確認できない。
B	テキサス	8619 / 1850	Texas Statutes Education Code CHAPTER 39. にアカウンタビリティ制度に関する規定（PUBLIC SCHOOL SYSTEM ACCOUNTABILITY）があり、そのサブチャプターに認証評価が規定されている。教育長（コミッショナー）が、生徒の学習到達度と財政的アカウンタビリティのランク付けをもとに、4段階（Accredited、Accredited-Warned、Accreditaed-Probation、Not Accredited）で評価。
B	バージニア	2164 / 920	児童生徒の英語、歴史・社会科学、算数、理科における学習到達度調査における達成度を反映して、毎年、各学校に対する認証評価の格付けが決められる。テストの成績は前年のもの、または遡って3年間の平均が用いられてよい。学力調査は厳格なスタンダード（Standards of Learning：SOL）に基づいて行われる。認証評価の格付けは完全認証、暫定認証－卒業率のみ（卒業率のみ認証。高校だけに適用）、警告付認証、不認証、条件付認証（新設校に対して）の5つがある。（Code of Virginia 22.1-253.13：3）
	北西部協会管轄		
B	アラスカ	506 / 120	州教育省が、規則によって規定されている認証評価スタンダードを満たしている公立学校をアクレディットする（The Alaska Statutes Sec. 14.07.020）。認証評価を追求するかどうかは、地方教育委員会のオプションである。1970年代以来、州教育省は、NACAに委任してきた。認証評価は、継続的な成長を示す毎年のレポートと総合的な自己評価と第三者による学校教育プログラムの監査である。
D	アイダホ	742 / 200	州教育委員会は、中等学校の認証評価のスタンダードとすべての中等学校によって満たされるべき必要条件を設定する（Idaho StatutesIdaho Statutes 33-119）。公立初等学校の必要条件を設定する。 中等学校は、NACの認証の地位を得ることが義務付けられ、初等学校ミドルスクールは、任意である。 アイダホ州認証評価コミッティ（IDSAC）は、認証評価のプロセスを通じて教育のエクセレンスを推進するというNACのミッションを支援する。
B	モンタナ	828 / 150	Accreditation Divisionが管轄する州の制度が整備されている（20-7-101 MCA）。州によって認証評価のスタンダードが設定され、それに基づき認証評価が実施されている。
E	ネバダ	636 / 160	州法規定、州教育省ウェブページの確認の限り、州認証評価制度の存在は確認できない。

州教育委員会は、教育長と協議の上、適切な学習到達に関する目標とその基準（measure）を設定する。 ・全ての学校と学区は年間到達目標を設定する。 → AYP を中核としたアカウンタビリティシステムの構築	
Texas Statutes Education Code CHAPTER 39. にアカウンタビリティ制度に関する規定（PUBLIC SCHOOL SYSTEM ACCOUNTABILITY）に基づき構築されている。Academis Excellence Inidicator System（AEIS）というシステムを準備（1990-1991 〜）。各学校、各学区ごとに生徒の学習到達度等に関するデータを集める。そのデータを基にランキング付が行われる。	Texas Administrative Code の章立てを参照すると、Planning and Accountability という章の中に、Accreditation Status、Standards、and Sanctions という項が設けられ、認証評価について規定されている。
上記の州認証評価制度と、NCLB による連邦の AYP による評価制度の 2 つを併せてアカウンタビリティ制度と位置づけられている。州認証評価が全ての児童生徒の主要全教科での学力達成度に基づくのに対して、AYP は読みと算数の全体の学力達成度、およびサブグループの児童生徒の学業達成度に基づく。	
州教育省は、州の各公立学校と地方学区、州の公立学校システムに対して、連邦の初等中等教育法に基づくスタンダード評価による生徒のパフォーマンスの測定、生徒の改善の測定などによる州のアカウンタビリティの基準や優先課題を実施する（The Alaska Statutes Sec. 14.03.123）。アカウンタビリティ制度において提出が求められているレポートカードの中で、報告事項の一つとして認証評価の情報が含まれている（The Alaska Statutes Sec. 14.03.120）。	
2011 年に新しい総合的な教育改革法を制定。生徒の様々な達成度の評価に基づく新しいアカウンタビリティ制度を実施するようになる。	
Measurement and Accountability Division が管轄するアカウンタビリティ制度が整備されている。 Statewide System of Support（SSOS）は、NCLB のタイトル I 学校に対して支援する。 アカウンタビリティの要件である AYP 要件を満たすことができない学校や学区に対する制裁として、州の認証評価スタンダードによってすべての学校と学区に求められている Five-Year Comprehensive Education Plan に含まれている改善プランを提供することが求められる。	
州の教育内容スタンダードに基づく生徒の成績の評価によって AYP の成功の判断がなされる。アカウンタビリティは、教員の実践と生徒の学習の継続的改善のダイナミックな制度の一部である。	

E	オレゴン	1301 / 500	州法規定、州教育省ウェブページの確認の限り、州認証評価制度の存在は確認できない。
D	ユタ	1046 / 180	州教育委員会が、学校認証評価に関する規則やスタンダードを設定する権限を持つ。行政規則に基づき、認証評価が実施される。中等学校は、NACのメンバーとなり、評価を受けることが義務付けられる。初等学校とミドルスクールは、任意となる。認証を受けた学校は、州教育局の規定する手続きに従い、レポートを作成し、ファイルすることが規定されている。（Utah Administrative Code Rule R277-410）
D	ワシントン	2318 / 660	認証評価は任意であるが、認可（approval）は義務である。認可は、学校あるいは学区が州の基礎教育条件を満たしていることを確認する義務的質保証プロセスである。州法は、すべての学校が教育を提供するために認可されることを求めている。学校は、認証評価を追求する前に認可されなければならない。（WAC 180-16-195）
	西部協会管轄		
E	カリフォルニア	10068 / 3640	認証評価は、WASCが実施。WASCの認証評価は、法によっては義務づけられていないが、教育機関とプログラムのピア評価を実施するための手段を提供している。WASCと州教育省とが共同して開発した standards-based Focus on Learning (FOL) Guide は、州と連邦のアカウンタビリティの要件に従い、アカウンタビリティと認証評価の両方の要件を満たすことを追求しようとするカリフォルニア州の学校によって用いられるために作成された。
B	ハワイ	289 / 140	州法により、公立中等学校がWASCの認証評価を受けることが義務づけられている。WASCと州教育省が、認証評価の基準を設定している。

州教育長は、保護者に情報を提供し、学校を改善するために、データを収集し、学区と学校の年次パフォーマンスレポートを作成する。州教育省は、改善を示していない学校に対して、介入するアカウンタビリティ制度を構築し、技術的な援助を提供する。	
Utah Performance Assessment System for Students、U-PASSと呼ばれる州独自のアカウンタビリティ制度が整備されている。U-PASSは、様々な評価や指標を用いて各学校の成熟と進歩を判断するものである（Utah Code 53A-1-1101-1113）。	
州教育委員会は、生徒の成績を改善するために学校をサポートする水準を増大させる統一のシステムを創る基準に基づくアカウンタビリティフレームワークを実施する責任を負っている。（RCW 28A.305.130）	
州教育省は、Accountability Progress Reporting（APR）と呼ばれている制度において、州と連邦のアカウンタビリティ制度の両方の結果を報告している。州のアカウンタビリティ制度は、APIという指標に基づき、学校のパフォーマンスと進歩を測定するものである。連邦のNCLBによるアカウンタビリティ制度は、特定の目標を達成したかどうかを測定するものであり、両方の観点から学校のパフォーマンスを評価している。（EDUCATION CODE SECTION 52051.5-52052.9）	
2003年にアカウンタビリティフレームワークが設定された。それは、州と連邦のアカウンタビリティを調整するものである。州のスタンダードを達成しているかどうかを評価し、報告する州のアカウンタビリティ制度、連邦のNCLBのアカウンタビリティ制度、スタンダードによる教育の保障のための戦略的制度を調整するものである。州のアカウンタビリティ制度における目標の達成度の尺度として、6年間の認証を受けているミドルスクールやハイスクールの割合、認証評価制度に参加している初等学校の割合が設定されている。	

のとして位置づけられていると捉えられる。

　またハワイ州では、州のアカウンタビリティ制度における目標の達成度の尺度として、6年間の認証を受けているミドルスクールやハイスクールの割合、認証評価制度に参加している初等学校の割合が設定されている[11]。その他、アラスカ州では、アカウンタビリティ制度において提出が求められているレポートカードの中で、報告事項の一つとして認証評価の情報が含まれている。

　その他、モンタナ州、コロラド州も同様のタイプになる。

③両者の統一

　両制度が統一され、一つの制度になっているタイプである。

　ミシガン州では、州認証評価制度は Education YES と呼ばれており、そこにおける認証評価とは「ある学校が一定の諸基準（standards）を満たすか超えている」ことを州教育長によって保証される（certified）ことを指す。満たすべき「諸基準」とは、学校の経営と組織、カリキュラム、教職員、学校施設・設備、学校と地域の関係、学校改善計画と学業成績である。認証評価の過程における各学校の評価には、基礎的な学校の諸情報の集約、学校自己評価の実施、訪問調査と正当性承認、認証評価に用いる成績情報の確定、学校改善計画の開発が含まれる[12]。一定の諸基準を満たすということは、アカウンタビリティにおいて求められていることであり、両者が一体化されていると言える。

　また、ノースダコタ州では、認証評価制度に関しては、1.Required の基準・規準をすべて充足、2.学校に適用されるポイントの85％以上を充足、3.各資格職員の有無やクラスサイズ、生徒の評価計画やハンドブックの有無などの所定算定表によるポイントの50％以上を充足、という3つの条件を満たす学校が認証される（Administrative Rules Section 67-19-01-01 から Section 67-19-01-43）。学校は、これらについての情報を毎年提出して、評価を受ける。加えて、学校は、教育改善プロセス（67-19-01-15. education improvement process）につい

て5年間隔で評価を受ける。生徒の達成度（州アセスメントのデータ）がどのように導かれているかについて、外部の同業者によって、継続的に評価を受ける。ノースダコタ州の認証評価は、学校のカリキュラムや人的・物的条件などの条件にプロセス条件をあわせもち、アカウンタビリティ制度で問われる達成度の向上に結びつけられたものとなっている。州教育局は AdvancED と提携して AdvancED の研修会への参加を奨励している。ノースダコタ州では、州が連邦の ESEA と認証評価の監視とをともに行っている。

その他、サウスダコタ州においても、両者は一体的に進められている。

(3章2 竺沙知章)

3. 事例分析

(1) フロリダ州の事例

①州アカウンタビリティ制度

フロリダ州は1970年代以降、教育アカウンタビリティ政策に積極的に取り組んできた州の一つとして知られている。また、学校を基礎単位とした教育経営（School-Based Management：SBM）に関しても、一部の学区では1970年代にその端緒といえる施策が採用されていた。しかし、1980年代までは、学校単位の教育成果を明確化して個別学校の改善を推進するというアカウンタビリティ制度は形成されていなかった。今日につながる、州全体にわたる包括的アカウンタビリティ制度が形成されるのは1990年の州法改正以降である[13]。とくに1991年の改正州法は、「州議会は、2000年までにフロリダ州は生徒と教育プログラムの学力達成度を基盤とした学校改善と教育アカウンタビリティに関するシステムを確立する、ということを目的とする。州議会は、この目的を達成するために、そして教育の責任を生徒に最も近いところにいる者すなわち学校・教員・親の手に取り戻すために、明確なガイドラインすなわち『2000年の青写真（Blueprint 2000）』を提供することを目指す

ものである。」と謳い、「州教育委員会は公教育システムの指導監督に責任を負う組織体とみなされ、学区教育委員会は学校及び生徒の学力達成に責任を負うものとみなされ、個々の学校は教育アカウンタビリティの基礎単位 (unit) とみなされる。」(Section 229.591, FS) と規定した。

それに基づいて構築されたアカウンタビリティ制度はおよそ次のとおりである。各学校は、自校の具体的な重点目標、それに関わる生徒のニーズ診断、その達成に向けた指導計画や補助金申請、教育成果を評価する手段などを明記した学校改善計画 (School Improvement Plan) を毎年作成し、学区教育委員会の承認を受けて実施する。原則として州内の全学校に保護者・地域住民・教員等で構成される学校諮問委員会 (school advisory council) を設置して、学校改善計画の作成・評価の支援や、学校の年次予算・計画の作成において校長を援助することなどの任務を委ねるものとされた。学校諮問委員会は年度末に学区教育委員会に対して報告書 (School Public Accountability Report) を提出し、学区教育委員会は次年度の学校改善計画の作成に際して各学校を指導する[14]。

さらに1998年には州による標準学力テスト (Florida Comprehensive Assessment Test：FCAT)[15] を導入し、テストスコアと児童生徒の出席率・落第率等の指標に基づいて毎年の学校単位の改善度を「A(卓越した進歩)」、「B(平均より高い進歩)」、「C(満足できる進歩)」、「D(満足できる進歩に至らず)」、「F(不十分な進歩：Failing)」の5段階で評定し公表する仕組みが導入された[16]。この評定で2年間連続して「F」評価を受けた学校に通う児童生徒に州はバウチャー(年間$4,000まで)を与え、より高評価の公立学校かあるいは私立学校、宗教学校のいずれかを選択することができるようにした。いっぽう、「A」評価を受けた学校は、生徒数に応じて使途自由の奨励金を受けることができることになった[17]。こうして構築された同州のアカウンタビリティ制度は2002年に施行されたNCLB (No Child Left Behind Act) 法施行後、同法の要件に合致するものとして維持されてきた。ただし、連邦教育省が2011年からNCLB法のウェーバーを認めることになり、2012年2月以降、同州はNCLB法の適

用を除外されている[18]。

　以上のようにフロリダ州では、学校ごとに学校改善計画を作成・実施して、学力テスト結果に基づく教育成果を学校単位で明確化するという厳格なアカウンタビリティ制度をNCLB法よりも先んじて導入していた。他方で、他のいくつかの州でみられるような州による学校認証評価の制度は採用されていない。

② AdvancED の認証評価

　フロリダ州において、AdvancED(SACS)による認証評価を受けている公立学校は2,424校[19]（小・中・高校の総数は4,114校[20]）にのぼる。中でも小学校（elementary）は1,259校で、認証校の半数を超えている。また、学区認証を受けている教育委員会は67学区中46学区におよび、それらの学区ではすべての学校が認証を受けていることになる。このように多くの小学校や学区教育委員会が、任意的な仕組みにすぎないはずの認証評価に積極的に取り組んでいるのはなぜなのか。また、学区として認証を受けることの意義はどのような点にあるのか。以下では、現地訪問調査（2011年9月）をもとに検討する。調査対象は下記のとおりである。訪問した2つの学区はいずれも学区認証を受けている。つまり全学校が認証を受けている。

・AdvancED のフロリダ州支部
　　パット・ウェンツ（Dr. Pat Wentz）支部長（Director）
・エスカンビア郡（Escambia County）[21]
　　クック小学校（N.B.Cook Elementary School）
　　　パティ・トーマス（Dr. Patti Thomas）校長
　　教育委員会
　　　サンドラ・エドワーズ（Mrs. Sandra Edwards）、総合計画部長（Director of Comprehensive Planning）
　　　リサ・モーガン（Mrs. Lesa Morgan）人材育成部長（Director of Workforce Education）

3. 事例分析

- サンタローザ郡（Santa Rosa County）[22]
  ラッセル小学校（Bennet C. Russel Elementary School）
   サム・スミス（Mrs. Pam Smith）校長
  教育委員会

(a) 学校認証評価について

　州支部長のウェンツ氏は、認証評価の最も重要なことの一つは関係当事者による参加（stakeholder involvement）だと述べている。学校認証評価では、学校が地域や保護者等とコミュニケーションを十分にとることが重視され、AdvancED の基準[23]の第6(standard 6)「関係当事者によるコミュニケーションと関係性」にそれは示されている。さらに、基準の第1(standard 1)「ビジョンと目的」でも、「1.1 関係当事者との協働によってその学校のビジョンを確立する。」「1.2 関係当事者の理解と支援を形成するためにビジョンと目的を伝える。」などの項目が盛り込まれるなど、認証基準の内容項目の様々なところに、当該学校に何らかの利害や関心をもつ多様な立場の人々の相互コミュニケーションと参加が埋め込まれている。彼女によれば、認証評価の過程に位置づけられている自己評価（self-assessment）も、それを踏まえて正しく行われる必要がある。コミュニケーション委員会を開設するなどして教員、生徒、保護者等の意見を集めながら進めればよいが、校長だけで考えるようでは改善に結びつかない。その意味で校長は校内での権限委任（delegation）をする必要がある、と彼女は述べた。

　だが、州全体で SBM が実施されている同州の場合、前述のようにアカウンタビリティ制度の一環として各学校には教員・保護者・地域住民等で構成される学校諮問委員会が設けられている。毎年の学校改善計画について、参加とコミュニケーションの機会はそこで確保されているようにも思われるのである。にもかかわらず、敢えて認証評価のもとでのコミュニケーションや参加を加える意義はどこにあるのか。エスカンビア郡の担当官はこの点に関わって次のような興味深い話をしてくれた。

たとえば今年、州のアカウンタビリティ制度において「F」評定を受けた小学校が1校ある。通学区域の人口構成上、難しい条件を抱えた学校である。毎年、テストスコアを向上させるためにいろいろな取り組みをし、長年にわたって苦闘していて、しばらく「D」評定が続き、過去4年間の中で2度目の「F」になった。とても改善が難しい学校である。アカウンタビリティ制度のもとでは、この学校は「F」評定を受けた学校としてペナルティを受けることになる。しかし、認証評価の観点では、依然として認証校のままである。認証評価は単なる査定（assessment）ではなく、親たちの参加を可能にする。彼らはそのプロセスに参加し、自分たちの学校は「F」評定を受けたけれどもそこで行われていることの中にはよいものが数多くあるのだということを理解することができる。テストスコアだけではなく学校全体（the entire school）を評価することができるのである。

認証評価と州のアカウンタビリティ制度の関係について、ウェンツ氏は次のように述べた。

フロリダ州では、アカウンタビリティ制度は完全に議会が作ったもので、教育者が作ったものではない。それに対して、学校認証評価はより専門職的な責任（professional responsibility）によるものであり、あるいはまた、学校が子どものために行っていることを専門職によって承認する（professional recognition）ものだったと。そして彼女は自分自身の考えだとして次のように続けた。認証評価はその中にアカウンタビリティを持ち込もうと試みてきた。州による学校への評定は、それが公正であろうがなかろうが、一般の人々が学校に対して抱くイメージである。そして、その一般の人々が「D」や「F」の評定を受けてしまった学校を訪れてその中へ入ると、彼らはしばしば、「なんてすばらしい学校なのだろう！」と驚きの声をあげる。それらの学校は子どもたちとともに一生懸命努力しているにもかかわらず、子どもたちは多くの障壁や不利益に直面するためになかなか改善が進まないのである。認証評価とアカウンタビリティの間にはそのような違いがある。

(b) 学区認証評価について

次に、そうした認証評価が学校単位ではなく学区単位でなされることの意味について検討してみよう。

エスカンビア郡教育委員会は 2007 年 1 月に学区としての認証を受けた。同学区では 1985 年度に学区内の全学校が認証を受けていたという。そのような同学区にとって、学校ごとに 5 年周期で認証評価の手続きを行うのに比べて学区認証評価を 5 年ごとに受ける方が時間的・財政的に効率的であることは当然であろう[24]。だが、当事者が認識する学区認証評価の意義はそれだけではないようである。

同学区の行政官によれば、学区認証評価では組織的なプロセス（systematic process）と組織の全体的な（systemic）捉え方を重視している。各学校は学区の中に存在しており、学区全体にわたって水平的及び垂直的なカリキュラム連携がなされれば、学区にとって大いにメリットをもたらすことになる。そのことが学区認証評価によって強化できるのだという。また、学区認証評価へ移行した後、学区の施策に何か変化があったかどうかという点については次のように答えた。たとえば認証評価の報告書で、貧困階層の子どもが抱えている問題について学校が理解するための支援が不十分だと指摘されたのに対応して、教師のための職能開発機会を新たに加えた。学区教育委員会にとって、訪問評価後に届けられる報告書に記載された勧告は、一種の大局的な見方（a big picture）が示されたもので、学区内の各学校のニーズがどうなっていて、それらに対してよりよい資源配分を行うにはどうすべきかを考えることが可能になるのだという。

サンタローザ郡教育委員会の行政官は、学区認証評価を受けたことによる重要な変化について次のように述べた。認証評価の手続きを通じて、学区内の学校に対するオーナーシップが増して、学校を誇りに感じるようになった。以前は各学校に独立した目標とビジョンが掲げられていて、それらをうまく駆動させることはできていなかったが、学区認証評価の手続き過程で、学区の目標及びビジョンと各学校の目標及びビジョンとの連携を図ることが可能

になった。つまり、一つの学区として目標を明確にできることが学区認証評価を受けることの利点である。また、もう一つの利点は、継続的に絶えず改善への取り組みを推し進めることができることである。計画を承認し、展開し、そして変革に着手するということが促されているのだという。

また、学区認証評価の一環としてなされる自己評価（self-assessment）では、教員を「意味ある関係当事者（significant stakeholders）」と捉えて、学区内のあらゆるタイプの学校から幅広く教員を集めるのだという。さらに、地理的に異なる特徴をもつ6つの地域が存在することを考慮して各地域から保護者等を選ぶ。それらに事務職員や学区行政官、学校管理職なども交えた委員会組織を構成して自己評価の内容を検討する。ラッセル小学校の校長は、こうした手続きをとることは学区レベルでの会議が増えることになるけれども、それによって学区全体を視野に入れた情報交換ができるのだと述べた。

③小　括

テストスコアに基づいて1年単位で学校の教育成果を明示するアカウンタビリティ制度は、学校に対して極めてシビアな評価を示すものである。とくに、不利な地域条件を有する場合、教職員、児童生徒、保護者を含めた関係者がいくら努力を続けても、その成果はテストスコアとして容易に現われるわけではない。それに対して、5年周期で行われるAdvancEDによる学校認証評価では、時間をかけて様々な関係当事者が学校の現状を多角的に捉え直すことが可能になる。テストスコアという「点」だけではなく、改善に取り組む過程を評価基準に示された多様な観点から「線」あるいは「面」として評価することが可能になる。1990年代末以降に連邦・州政府主導で進められてきたアカウンタビリティ制度の前掲のような特徴を踏まえて、学校認証評価のもとで行われている評価手続きの意義は、教育専門職サイドから積極的に捉え直されてきているように思われる。

また、学区を単位とした認証評価への移行は、いくつかの意義を認識されている。第一は、学校・学区にとっての時間的・財政的コストの削減である。

とくに学校の立場からは、評価手続きに必要な書類作成の煩わしさから解放されたことのメリットが語られた。その煩わしい事務は学区教育委員会で負担しなければならないのだが、学区サイドではそのデメリットを上回るメリットを認識している。その一つは、各学校の実態・ニーズに見合う施策実施の妥当性を確かめることができることである。もう一つは、学区全体としての目標・ビジョンを各学校と共有する機会が広がることである。それは、学校間の水平的・垂直的なカリキュラム上の連携・調整を含む。こうした観点で学区施策を見直すために、多様な教職員や保護者等の参加による自己評価手続きがとられている。それは、その参加者自身の視野を学区全体へと向ける機能も有しているといえよう。

(3章3(1) 浜田博文)

(2) ミシシッピ州の事例

①州主導の学区・学校認証評価制度の経緯と仕組み

ミシシッピ州では、州アカウンタビリティ制度との関連で「州教育省による学区・学校認証評価(以下、州認証評価と表記)」を制度化しており、州認証評価とAdvancED(SACS-CASI)による認証評価が併存している(二重方式)状況にある。

同州では、1900年頃より第三者機関による学校認証評価[25]のしくみが形成されたが、長期にわたり、白人学校向け機関 Mississippi Accrediting Commission(ミシシッピ大学及びミシシッピ教育協会の取組を起源とする)、黒人学校向け機関 State Accrediting Commission(黒人学校教員団体の取組が起源)の二機関による学校認証評価が分立する状態が続いた(双方に州教育省スタッフが関与)[26]。しかし、第二次大戦後、同州で人種分離制度撤廃の動きが進む中で、この「分立」も見直されることになり、1970年の accreditation law(州教育省に学校認証評価基準と手続きの設定権を付与)成立により、州内統一制度としての州教育省による認証評価が開始した。

以上の経緯で誕生した州認証評価は、制度化当初は州初等・中等学校の自

発的参加によるものとし、インプット要件の量的な指標を中心においで実施されたが、1980年代以降、同州の教育改革が本格化するに伴い、その在り方に大きな変更が加えられた。まず、1982年の州教育改革法成立により、州認証評価は全公立学校に義務化され、指標も、学校が生徒の達成を支援した程度を重視した質的内容に切り替えられた。そして、1999年の州達成改善法（及び2000年同法追加）を受けて、「学区のプロセス遵守度評定」と「学校への成果（生徒到達度）等級付与」からなる現行方式に近い認証評価システムが発足することになった。さらに、2009年の制度改正で、生徒到達度に基づく等級付与は学区に対しても行われることとなった[27]。総括すると、同州による学区・学校認証評価は当初、人種分離撤廃の文脈を多分に含み創設されたが、その後、州教育改革で整備された教育アカウンタビリティ制度に適合的な形に内容を変化させたといえる[28]。

実際の州認証評価は、「質と一貫性の保障」を目的に掲げ、州教育委員会が指名した15名の委員による学校認証評価コミッション（Commission on School Accreditation, CSA）のもとで実施される。CSAは年間最低6回の会合を行い、毎年度州内学区・学校への認証評価の実施、これにかかる紛争の聴聞実施を担っている（また、認証評価制度改訂は、CSAが州教育委員会に提出する最終勧告に基づいて行われる）[29]。

2009年州基準によると、州認証評価は①学区に対するプロセス基準遵守の評定、②学区・公立学校への生徒到達度に基づく等級付け、の二層方式で行われている。①の評定は、学区が毎年11月1日までに州教委指定の様式で提出（電子データ）する報告書[30]に即して、35のプロセス基準（大項目：経営管理と教員、学校運営、教授実践、学校の安全）に基づいて行われる。各学区には、上記基準を100％遵守の場合のみ「認証（accredited）」の評定が与えられ、それ以外の場合「助言（advised）」（非遵守項目あり）、「保護観察（probation）」（前年advisedの学区で非遵守項目の改善がなかった場合）、「撤回（withdrawn）」（前年probationの学区で非遵守項目の改善がなかった場合等）の評定がなされ、非遵守項目について是正計画作成が求められる。

そして、②の等級付けは、学区(一つの公立学校とみなす)・学校の両者に、生徒の達成に関する指標を用いてなされる。ここでの指標は、州テストでの到達度(テスト各科目での advance, proficient, basic の生徒割合からの算出点)、成長予測の充足、ハイスクール修了値(9-12 学年の学校のみ。9 学年入学以後の生徒の状態からの算出点)であり[31]、各指標は数段階に分別され、これを総合的に吟味した形で 7 等級(Star School, High Performing Successful, Academic Watch, Low Performing, At Risk Failing, Failing)のいずれかが付される。この等級付けにおいて、「危機に瀕する学校」(School At Risk) と判断された学校には、州教育委員会指名の評価チーム派遣や学校改善計画(職員の職能開発計画を含む)の作成などの措置が執られる。一方、①の学区評定、②の学区・学校等級のそれぞれについて、高い水準にある学区・学校には表彰・報奨などのインセンティブも設けられている。

②ミシシッピ州における AdvancED による学校・学区認証評価の位置

ミシシッピ州では、以上にみた学区・公立学校対象の州認証評価のしくみが整えられており、それは AdvancED(SACS-CASI)の認証評価とは特に関連づけられていない。したがって、同州の特にミドルスクール以下の公立学校や学区では、任意の AdvancED 認証を受ける意義は見いだせないのではないかと思われる。しかし、AdvancED のデータベースを参照したところ、その認証を受ける公立学校は 399 校(州内公立学校総数 820 校。なお 399 校の認証校のうち初等学校は 218 校を占める)、学区認証を受ける学区は 35 学区(同152。これらの学区では学区内全公立校が認証を受けていることになる)で、決して少なくない。州による認証評価と AdvancED 認証評価の併存状況において、AdvancED 認証評価を受ける意義はどのように意識されているのだろうか。

この点について、2010 年 9 月に、筆者ら(浜田・大野)が同州で AdvancED の学区認証評価を受けている 2 学区の教育委員会と所管校に対して行った訪問調査(教育委員会幹部職員と学校管理職への聞き取りが中心)をもとに検討したい。調査対象の概要は以下の通りである[32]。

・オーシャンスプリングス学区（Ocean Springs School District）
　教育委員会
　　　デボラ・フレミン（Ms. Deborah Fremin）教育次長（Assistant Superintendent）
　　　エドナ・ウォーラー（Dr. Edna Waller）教育次長（Assistant Superintendent）
　　マグノリアパーク初等学校（Magnolia Park Elementary School）
　　　ジョアンヌ・ルイス（Ms. Jeanne Lewis）校長
・ガルフポート学区（Gulfport School District）
　教育委員会
　　　マイク・テイタム（Dr. Mike Tatum）教育次長（Assistant Superintendent）
　　バイユービュー初等学校（Bayou View Elementary School）
　　　サンドラ・ウィークス（Ms. Sandra Wilks）校長
　　バイユービューミドルスクール（Bayou View Middle School）
　　　ブライアン・コールドウェル（Mr. Bryan Caldwell）校長

(a) 州主導認証評価と AdvancED 認証評価の質的相違について

　訪問学区・学校の関係者に対して、最初に州認証評価と AdvancED 認証評価の相違と AdvancED 認証評価を受ける意義について尋ねたところ、州認証評価（特に学区のプロセス基準評定）はあくまでミニマムであり、学区・学校の弱みを認識して高い水準に改善するには AdvancED の基準・手続きが有効との意見が多く聞かれた。この点、例えばバイユービュー初等学校校長は、「ミシシッピ州内公立学校の成果水準は国内で相対的に低い」という状況認識を前提に、「同小学校の生徒到達度は州内で高い水準にあるが、児童生徒に進学・雇用を保障するためにはさらに高みを目指す必要があり、そのときに州を超えた連邦の標準レベルを示してくれる AdvancED 認証評価が意味を持つ」との考えを示した。同校長の発言のポイントは、本来的には最低基準と解される AdvancED 基準を、州水準より高い（連邦の標準レベル）と捉える[33]点にある。その前提において、AdvancED の認証評価に対しては、州地域の外側から自校を評価し、そのことによって自校関係者が現在できる以上に子どもを引き

上げられるよう導いてくれるもの、とその手段性を積極的に見出しているのである。AdvancEDの認証評価が、評価ツールとしての使い勝手の良さを超えたところで持ちうる価値を示す言及として興味深い。

(b) AdvancEDの学区認証評価について

　同州学区・学校関係者との面談では、もう一点、AdvancEDによる学区全体の認証評価を受ける意義についても特に尋ねた。これについて、まず両学区の教育委員会幹部職員からは、外部機関からの基準適合のお墨付き（stamp）を得て、学区内全校が高い水準であると示すことの必要性と重要性が共通に語られた。しかし、彼らはそれ以上にAdvancED学区認証評価がもつ意義についても強調していた。特に、認証評価を通じて学区の多様なステークホルダーの手で学区全校が共有できる戦略ビジョンが開発可能となり、学校の改善に向けたベクトルを揃え、保護者の各校への協力を喚起できることの意義を指摘していた。さらに、一般論として小規模学区では、学区認証評価を選択すれば、学区全校にペーパーワーク負担をかけずにQARチームの訪問評価を実施できることになるので、評価に関わる実務・コストを減じるメリットもありうるとの認識も示された。

　一方、学校管理職の側からは、学区認証評価に対して、ペーパーワークの削減など評価業務効率化にかかるメリットは特に言及されなかったが、学区全校の共有できるビジョン・戦略作成の意義については学区同様に意識していることが表明された。その場合、AdvancED学区認証評価を通じて、学区は広いレベルで学区に降ろす理念・ビジョンを考える、学校はそれを自校の強化したいエリアに適合させる（管理職は、強化したいエリアを特定し学区ビジョンを完結・発展させることに力を注ぐ）との新たな役割分担意識が指摘された点（バイユービューミドルスクール校長）は、認証評価を通じたシステマティックな学校改善の論理の萌芽を感じさせる点で示唆的なものと解される。

②小　括

　ミシシッピ州の状況をまとめると次のようになる。同州では、州教育省主導の学区・学校認証評価の仕組みが歴史的に構築されており、それとAdvancED認証評価の両者が併存している。本章1でみたように、こうした制度の併存状況（「二重方式」）は、アメリカにおいて特別なことではない。ミシシッピ州の州認証評価は、教育アカウンタビリティ制度を包含し、学区のプロセス基準遵守の評定と、生徒到達度に基づく学区・学校への等級付けの二段階で行われる。認証で確認される項目などについては、州認証評価とAdvancED認証評価で一定の共通点が認められるが、認証評価の手法の具体に立ち入ると、両者には相違点（州認証評価は基本的に書面によるもので、訪問評価は盛り込まれていない）も認められる。

　同州では、州認証評価は学区・学校の義務制を採っているために、大学進学にかかる要件として認証が求められるハイスクール以外の校種にAdvancED認証評価の必然性を感じにくい。しかし、同州の少なからぬ学区・学校はAdvancED認証評価を積極的に受審していることが確認できた。それらの学区・学校関係者から言及された、州水準を超えるAdvancED基準を用いる意義（連邦標準レベルに近づける手段）の指摘、さらに基準評価報告書作成やQARチームの学校訪問を含むAdvancED学区認証評価の有益性（学区・学校でのシステマティックな改革の可能性）の指摘は、州認証評価と異なる協会認証評価がもつ独自の価値を垣間みさせてくれるものと言える。

（3章3(2)　大野裕己）

（3）ジョージア州の事例

①教育アカウンタビリティ制度の概要

　ジョージア州はNCLB法の規定に基づき、2005年に「唯一の州全体にわたるアカウンタビリティ・システム（Single Statewide Accountability System：SSAS）」を導入した。SSASはジョージア州内すべての学校および学区に対して、州が準備するレポートカードに加えて次の3点に関する情報が記載され

た「アカウンタビリティ・プロファイル（Accountability Profile）」の提出を義務づける制度である。各学校および学区にはその結果に応じて報償または制裁が加えられる。3点とは①AYP（Adequate Year Progress）に基づいて決定される学習到達度（absolute performance）、②過去数年にわたる成果の進捗に基づき決定される学習到達度インデックス（performance index）、③それぞれの学校ないし学区が学力に関連のある諸指標に対する認識などの情報を提供することによって明らかとなる学習到達度ハイライト（performance highlights）である[34]。学習到達度インデックスとは、州が要求している第1学年から第8学年の生徒を対象にした学力試験（Criterion-Referenced Competency Tests：CRCT）と第11学年の生徒に義務づけられた卒業試験（Georgia High School Graduation Tests：GHSGT）の当該年度ならびに過去数年間の結果を示したものである。また、学習到達度ハイライトは各学校・学区が、州レポートカードに記載したデータの中から、現在の学習到達度に対してもっとも影響力のある指標が何であったのかについて示したものである[35]。

　同州はAYPの達成度に応じて学校をカテゴライズし、2年以上連続して同一の基準についてAYPを達成できなかった場合、「改善を要する（Needs Improvement：NI）」学校と認定し、その年数に応じて「改善を要する状態（Improvement Status）」、「矯正的活動を要する状態（Corrective Action Status）」、「州による直接介入を要する状況（State-Directed Status）」に分類している。各学校はどのカテゴリーに分類されるかによって改善に向けて異なる取り組みが求められることになる。

　このような教育アカウンタビリティ制度においてジョージア州は、「州による直接介入を要する状況」として分類された学校に対する改善支援施策の一つとして「ジョージア州学校基準についてのパフォーマンス評価」（Georgia Assessment of Performance on School Standards：GAPSS）と呼ばれる、訪問評価を通じた学校改善支援システムを導入している。GAPSSは6～8人の専門委員（certified staff）で構成されたチームによって行われる。訪問評価は、『学校の鍵：ジョージア州学校基準を通じて卓越性への扉を開く（*School Keys：Unlocking*

Excellence through the Georgia School Standards)』において定められた 8 点の基準に基づいて実施されている。ここで用いられる 8 点の基準は、①カリキュラム、②教授活動（Instruction）、③評価活動（Assessment）、④計画と組織、⑤生徒、家庭、地域による支援、⑥専門職としての学び（Professional learning）、⑦リーダーシップ、⑧学校文化から構成されている。訪問評価は、各学校ないし学区がこれらの学校基準に基づいて作成した学校改善計画（School Improvement Plan）に関して、専門委員が 3 日間かけて聞き取りを中心とした調査を行い、今後の対応について話し合い、今後の改善に向けた示唆（Quality Action Plan next steps suggestions）を提供するという形式が採られている[36]。

②州教育局と AdvancED による学校改善に関するパートナーシップ関係の構築

　ジョージア州教育局は 2008 年に AdvancED の認証評価部門である SACS CASI と GAPSS の実施をめぐって学校改善支援についての公的なパートナーシップ関係構築を趣旨とする協定を結んだ[37]。このような協定を結ぶに至った理由について州教育局は、「短期間のうちに訪問調査を受けなければならないという不必要な重複（unnecessary duplication）から学校を解放するため」[38]と説明している。

　この背景には、同州において AdvancED の認証評価を受けている学校および学区が相当数に上ることをあげることができる。AdvancED が公表する統計データ[39]によると、学校認証評価を受けている学校は 2,095 校であり、また学区内のすべての学校が認証されたと位置づけられる学区認証評価を受けている学区は 125 学区にのぼる。同州の学区総数が 186 学区[40]であることから、結果として同州内の相当数の学校が AdvancED の学校または学区認証評価と関わりをもっているということになる。

　そのような中で、SACS CASI が行ってきた認証評価の基準と州教育局が GAPSS として実施する訪問評価について、その評価基準および下位指標の内容に関して多くの重複がみられること、そのため NI（改善を要する）と認定された学校は同様の内容を含む指標に関して AdvancED と州教育局の両者

128 　3. 事例分析

による訪問調査に備える必要に迫られることが明らかにされてきた。そこで州教育局は、当局と AdvancED の双方からの代表者を交えて編成した評価チームが訪問調査を実施することによって、NI と認定された学校が GAPSS によって課せられる訪問評価と AdvancED によるそれを、一度で済ませることができるようにしたのである。

　同協定には、AdvancED が設定する学区認証評価の手順（protocol）を利用した学区の改善力を高めるネットワークの構築（learning network of Georgia District）や、州教育局が主催する学校改善に関する研修会に AdvancED のジョージア州ディレクターを迎えることなども、学校改善支援に向けたパートナーシップ活動の内容として盛り込まれている。

　このように、ジョージア州では元来任意の活動として実施されてきた認証評価と、州教育アカウンタビリティ制度に基づく公的な評価制度とが連携した評価および改善支援システムの構築が進められている。学校や学区がアカウンタビリティを果たす上においても、また学校改善を促進させていく上でも認証評価の役割が高まってきている。

③ AdvancED が実施する学校・学区認証評価に対する現場の認識

　同州における認証評価の位置づけの高さを示すデータの一つとして、認証評価を受けている学校・学区数の多さを挙げることができるが、実際にそれらの学校、学区は認証評価を受けることの利点をどのように認識しているのだろうか。われわれは 2009 年 7 月と 2010 年 3 月にジョージア州の北部に位置するチェロキー郡学区（Cherokee County School District）において、資料収集及び学区教育長、学区における認証評価の取り組みの責任者である教育次長、学校関係者を対象にインタビュー調査を行う機会を得た。そこでの調査から認証評価が学校改善において有効であるという現場の認識を確認することができた。

　例えば、同学区は州の教育アカウンタビリティ制度が課すものとは別に、各学校に対して毎年、学区独自のフォーマットによる学校改善計画（SIPs）

の提出を義務づけている。そこに含まれる内容の一つに、「SACS CASI による保証（SACS CASI Assurance）」を位置づけ、当該機関が設定する認証評価基準について、現状がどうであるのかを明確にすることを求めている。また年度ごとに学区として見直しをしている「5ヵ年戦略計画（Five-year Strategic Plan）」も認証評価とのつながりを強く意識しているということであった。5ヵ年戦略計画はいわば学区の教育施策の方向性を示すものである。インタビュー調査に応じてくれた教育次長は、学区としては認証評価への取り組みが結果的に学区としてのアカウンタビリティを果たすことになり、そのため学区の施策はすべて認証評価の基準に関連づけられると語っている。ここからチェロキー郡学区では、認証評価への取り組みが学区としての教育行政のあり方、つまり学校改善に向けた支援的取り組みの中核をなしているということができる。また学校でのインタビュー調査においても、認証評価を受けていない学校というのは想像できないという認識を教職歴に関わらずすべての教員が語ってくれた。校長は認証評価に取り組むことが学校経営そのものであるとも語っていた。

　今回のインタビュー調査によって AdvancED の認証評価に備えるということが、結果的に州が要求する教育アカウンタビリティに応えることができるという現場の認識を確認することができた。学区と学校それぞれの認識を総合的に解釈するならば、学校改善の促進という観点からは、州教育局がアカウンタビリティ制度に基づいて要求してくる内容は最低限のものであり、実質的には認証評価への取り組みが不可欠であるというように、州のアカウンタビリティ制度と認証評価活動の関係性を捉えることができそうである。

④小　括

　以上から、ジョージア州における認証評価に関連する取り組みの特徴を次のようにまとめることができよう。ジョージア州には州が実施主体となっている認証評価制度は存在しない。公的な評価システムはこれまで述べてきた SSAS という教育アカウンタビリティ制度のみである。ただし 2008 年以降、

この教育アカウンタビリティ制度と関連させるかたちで学校改善支援という観点からAdvancEDの認証評価部門と公的なパートナーシップ関係を構築している。評価基準や訪問評価が共有され、学校改善支援をキーワードにその距離が近接していく中で、認証評価またそれを実施するAdvancEDが同州において特別な影響力を持つようになってきていると考えられる。性格の異なる機関が実施し、異なる意味づけがなされてきた2種類の評価活動が、「学校改善支援」を合言葉にしながら、緊密な関係性が構築されていることは非常に興味深い。その経緯とともに、このような公的機関との接近が「認証評価」そのものの性格を変えてしまう(現場での受け止められ方も含めて)可能性については今後、詳細に検討していく必要がある。

(3章3(3) 照屋翔大)

(4) ミシガン州の事例

①制度の背景と概要

アカウンタビリティ制度と認証評価制度が一体的に運用される例として、ミシガン州の取り組みに触れておく。同州では、各学校へのアカウンタビリティを要求する制度の構築において、認証評価と改善支援とを軸として出発した。だが、その再編に向けた動きが生じ、それをめぐる反発が起こる等の状況も見受けられる。以下、同州における制度設計を中心に若干の整理・検討を試みる。

周知のように近年のアメリカでは、学力向上を至上命題として公立学校の責任=教育アカウンタビリティを鋭く問う制度が、州教育局(州教育委員会事務局、州教育庁)の主導の下で強力に構築・運用されてきた[41]。州アカウンタビリティ制度と称しうるこれらの制度は、いわゆるNCLB法(No Child Left Behind)の影響も色濃く受けながら、学力テストの点数に特化した諸基準の設定、それに基づく各学校への評価の実施、基準を満たさない学校に対する厳しい介入措置(人事異動、学校経営権の剥奪、閉校等)をはじめ、非常に特徴的な構成要素を含んでいる。従来、教育の地方分権・現場主義の中で学

区教育委員会や各学校の自主性・自律性が尊重されてきたと言われるアメリカ教育の伝統を鑑みれば、論争的課題を提起するものと言える。

しかしながら、こうした動向を州による集権的管理の強化とのみ見なすことは妥当ではない。とりわけ州アカウンタビリティ制度のうち、責任遂行の成否を判断する「評価」の位相に着目すれば、そこに見出されるのは、学校の自律性に委ねつつ学力テストの点数によって事後チェックするという枠組みだけではない。各校が適切な教育活動に取り組んでいることを、州が公的に認めるという認証評価の枠組みもまた見受けられる[42]。さらに、その認証評価自体が、各学校の継続的改善を支援する意図・機能を有する兆候も読み取れるのである。

上記のような形でアカウンタビリティ制度と認証評価制度を統合する事例の一つと目されるのがミシガン州である。2000年代以降に強く求められはじめたアカウンタビリティ制度の構築という課題に対応するにあたって、同州教育局（州教育委員会事務局）は、各学校が適切に教育活動を行っているか否かについて評価・判断した上で、州から公的な認証を与える学校認証評価制度を2002年度から導入することにした。それが、「エデュケーション・イエス（Education YES：a Yardstick for Excellent Schools＝優れた学校のための評価尺度）」と呼ばれる制度である。

この制度の目的は、継続的な学校改善（continuous school improvement）に向けた諸基準を設定し、学校への支援や介入の必要度を図る手段を提供することと要約できる[43]。諸基準設定・評価・介入等から成るアカウンタビリティ制度が、認証評価制度という形態を取ったと解せられる。

同州学校法では、州教育局が実施する認証評価に関する規定が設けられている[44]。それに従って認証評価の大まかな流れを示せば以下の通りである。

まず、そこで定義される認証評価とは「ある学校が一定の諸基準（standards）を満たすか、超えている」ものとして州教育長によって保証される（certified）ことを指す。満たすべき諸基準は、州の標準学力テスト（ミシガン州学力調査、MEAP：Michigan Education Assessment Program）の点数のみならず、学校の経営

表 3-3-1　ミシガン州における学校認証評価の結果（過去 3 年分）

	2007-08 年度	2008-09 年度	2009-10 年度
認証校数 （accredited）	1,526 校（40.6%）	1,680 校（45.8%）	1,842 校（49.8%）
暫定認証校数 （interim）	1,775 校（47.2%）	1,526 校（41.6%）	1,372 校（37.1%）
不認証校数 （unaccredited）	8 校（0.2%）	5 校（0.1%）	3 校（0.1%）
対象外※	452 校（12.0%）	460 校（12.5%）	479 校（13.0%）

※注：小規模校等で州学力テスト受験者数 30 人未満の場合は対象外となる。
出典：Michigan Department of Education, *School Report Card Summary and Data File 2010*,
http：//www.michigan.gov/documents/mde/Media_Reports_with_Code_Numbers_2010_329500_7.zip より作成。

と組織、カリキュラム、教職員、学校施設・設備、学校と地域の関係、学校改善計画と学業成績の各領域に渡って設定されるものであり、各学校での教育活動を包括的に評価する意向を読み取ることができる。

　各基準に則した評価を点数化・集計した結果、諸基準を満たすと判断された学校が「認証（accredited）」されることになる。いくつかの基準を満たせないものの改善傾向にあると認められた学校は「暫定認証（interim）」とされる。諸基準を満たさない学校は「不認証（unaccredited）」となる。

　暫定認証とされた学校には詳細な個別評価（a full building-level evaluation）の実施が求められ、①基礎的な学校の諸情報の集約、②学校自己評価の実施、③訪問調査と外部評価（正当性の承認：validation）、④認証評価に用いる成績情報の確定、⑤学校改善計画の開発、等が義務づけられる。

　他方、不認証と評価された学校が 3 年連続でその評価を改善できなかった場合、校長交代、保護者による転校先学校の選択、同州内の大学等からの支援、閉校等の措置が科されるものと規定されている[45]。とはいえ実際に不認証となった学校数は多くはない。過去 3 年分の実績は表 3-3-1 の通りである[46]。

②認証評価を通じた学校改善支援

(a) 学校改善の「フレームワーク」

　州教育局による認証評価をめぐって注目されるのは、その過程において、各学校に対する改善支援機能を発揮する可能性が読み取れることである。この点について、さらに掘り下げて検討を行う。

　ミシガン州の認証評価制度では、第一に、単に結果としての児童生徒の学業成績水準だけを評価対象とするのではなく、学校における教育活動や学校経営の行為の質自体をも評価に含めようとする点で、他州のアカウンタビリティ制度とは一線を画すものということができる。第二に、その教育活動や学校経営への評価に際して、単にそれら水準の優劣を問い、証明するだけの評価に終始するのではなく、評価プロセスが学校改善に直接に資するような工夫が重ねられている。

　州教育局は「エデュケーション・イエス」の導入に伴い、学校の自己評価・自己改善のための指針となる「学校改善フレームワーク（SIF：School Improvement Framework）」を策定した（表3-3-2参照）。その開発は、従来の教育学研究・学校経営研究や、各地のベストプラクティス等に依拠したものだという[47]。

　「学校改善フレームワーク」の構造は、まず5つに渡る「領域（strand）」が掲げられ、その下位項目として「スタンダード」が、さらにその下位項目として「ベンチマーク」が、それぞれ1～3つほど設定されるものとなっている。各ベンチマークの中には、それを象徴する複数の「重要な特徴（Key Characteristics）」が挙げられる。総じて評するなら、いわば学校改善のために必要な視点や問題意識が体系化されたものといえる。

(b) 学校評価の「ルーブリック」

　各学校は、州の認証評価を受ける際、これらに即して自校の状況を自己評価することが求められる。その際、上記の「重要な特徴」ごとに設定された「学校プロセスルーブリック（SPR：School Process Rubric）」によって評

表 3-3-2　学校改善フレームワーク（領域、スタンダード、ベンチマーク）

領域 I 学習のための 指導	領域 II リーダー シップ	領域 III 教職員と 専門的学習	領域 IV 学校− 地域間関係	領域 V データ・ 情報管理
ST1. カリキュラム	ST1. 教授的 リーダーシップ	ST1. 教職員の資質	ST1. 保護者・家 庭の関与（参加）	ST1. データの管理
BM1 整序、改定、注視されている BM2 伝えられている	BM1 教育のプログラム BM2 指導に対する支援	BM1 要件 BM2 技術、知識、気質	BM1 コミュニケーション BM2 積極的関与（Engagement）	BM1 データの生成および集約 BM2 アクセスの容易さ BM3 データ処理への支援
ST2. 教授活動	ST2. 共有型 リーダーシップ	ST2. 専門的学習	ST2. 地域住民の関与（参加）	ST2. 情報の管理
BM1 計画 BM2 実施	BM1 学校文化、風土 BM2 継続的改善	BM1 協働 BM2 内容・指導方法 BM3 整合性	BM1 コミュニケーション BM2 積極的関与（Engagement）	BM1 分析と解釈 BM2 活用
ST3. アセスメント	ST3. 運営・資源の マネジメント			
BM1 教育課程と指導に即している BM2 データが報告、利用されている	BM1 資源の配分 BM2 マネジメント			

出典：Michigan Department of Education, *Performance Indicators for Education YES! School Improvement Framework Strands*, 2007.

価を進めていく。

　例えば「領域 II. リーダーシップ」の「スタンダード 2. 共有型リーダーシップ」で設定された「ベンチマーク 1. 学校文化、風土」を見ると、「重要な特徴」の一つとして「協働的探究（Collaborative Inquiry）」が掲げられる（表3-3-3 参照）[48]。ルーブリックでの評価に入る前に、これが各校で実現されているかどうかを振り返る補助線として「協議上の問いの例（Sample Discussion Questions）」と呼ばれる 1～3 個の質問が記される。例えば「教員が集まって教育実践等について議論する時間がどう組織されているか。学校における

協働探究のタイプを挙げよ。」「それらの会合で同僚間の会話を促すために用いられるデータや情報は。それらはどう使用されるか。」「どれほどの割合の教職員が、これらの小委員会等に日常的に出席するか。どの程度の頻度で校長は出席するか。」等の問いである。各校はこれらの問いを念頭に置き反芻しつつ、準備されたルーブリックを用いて自校における状況を次の4段階で自己評価していく[49]。

```
高  ・模範的である（Exemplary）
↑  ・実施している（Implemented）
↓  ・部分的に実施している（Partially Implemented）
低  ・取り組み始めた（Getting Started）
```

　こうした手順・形式を経ることによってこそ、必ずしも学力テストの点数では捉えきれない教育活動や学校運営の質・水準を可能な限り丁寧にすくい上げ、問い直し、評価しうると考えられる。学校の外部者にとっては、当該校がいかなる努力を重ねているのか理解する手がかりを与えられる。
　また「協議上の問い」や「重要な特徴」、さらにルーブリックの判断基準には、学校改善上の具体的な要点や見逃されやすい点が記される。しかもそれらは、抽象的な、もしくは無限遠に設定される方向目標ではなく、実践可能な行為目標として表記されるよう努められていることが読み取れる。学校改善を模索する教職員にとっては、これらの工夫が、具体的な改善努力に関する有益かつ重要な参照枠組・参照事項として受け止められる余地も広がるであろう。
　もとより、上記のフレームワークやルーブリックを無批判に過度の拘束力をもって捉えると、消極的意味での教育活動の規格化・形骸化をもたらし、各校の自由で創造的な実践を阻害するおそれもある。とはいえ同州の場合、学校評価を単なる良し悪しの判断＝選別のためではなく、あくまで改善支援の具現化のためにこそ用いようとする筋道が見て取れるのであり、その点で大いに注目に値する。

表 3-3-3 学校評価のためのルーブリック（一部抜粋）

領域Ⅱ. リーダーシップ ＞ ST2. 共有型リーダーシップ ＞ BM1. 学校文化、風土
4. 協働的探究

協議上の問い（例）	1. 教員が集まって教育実践等について議論する時間がどう調整されているか。学校における協働探究のタイプを挙げよ。 2. それらの会合で同僚間の会話を促すために用いられるデータや情報は。それらはどう使用されるか。 3. どれほどの割合の教職員が、これらの小委員会等に日常的に出席するか。どの程度の頻度で校長は出席するか。

実践のスコープ（ルーブリック）

重要な特徴	取り組み始めた GettingStarted	部分的に実施している Partially Implemented	実施している Implemented	模範的である Exemplary
4. 協働的探究 協働、探究、リスクを引き受けること、そして反省的実践の精神が学校文化に組みこまれる。 教職員は頻繁に協働して、自身の教育実践を語り合ったり、調査研究したりする。 すべての構成員が学校全体の改善（教職員の力量向上や児童生徒の成績を含む）に貢献できるような、協働的学習共同体として、学校が機能している。	□教職員間に、教えと学びを語り合うことを促すような構造が確立されていない □本来は相互作用を与えあえる小グループの間に溝があり、対話を他に拡張するような支援がほとんどなされていない	□学校の日常的スケジュールに位置づけられてはいないが、学年団・教科団において定期的に協働が見られる □教室でのアクションリサーチや、ピア研究グループ、ピアコーチング等の探究的実践を開始、ないし参加する教職員がいる	□少なくとも週1回集まるような協働チームが組織・編制されている □協働的実践が、指導の改善に第一義的な焦点を当てている □大半の教職員が、教室でのアクションリサーチや、ピア研究グループ、ピアコーチング等の探究的実践に参加する □学年・教科を超えて協働が定期的に起こる	□ほぼ毎日集うような協働チームが組織・編制されている □協働的実践の焦点が、個々の児童生徒の成績改善の方略と、児童生徒の学習の分析に基づいた指導の改善に当てられる □教室でのアクションリサーチやピア研究グループ、ピアコーチング等の探究的実践が日常化されている □学年・教科を超えて協働が頻繁に起こる

評価の際に利用可能なデータ源	記述された、あるいは観察可能な結果の例
□会議の次第、議事録	□協働的実践を示す証拠
□学年団・教科団のカリキュラムマップ	□どの程度、他教科・他学年との関係が分けられて／つなげられているか
□探究的実践を示す記録やビデオ等	□採用された探究的実践の質と程度の提示

出典：Michigan Department of Education, *Michigan School Improvement Framework Rubrics*, 2005, p.37. および Michigan Department of Education, *Michigan's School Improvement Framework: Action Portfolio, School Comprehensive Needs Assessment and Planning Tools, School Process Profile*, 2009, p.85, より作成。

改めてミシガン州の取り組みを学校改善支援という文脈でまとめるなら、次のような潜在的特徴を挙げることができる。

第一に、従来の調査研究から整理・導入した「学校改善フレームワーク」を基盤とすることで、複雑かつ多様な教育活動・学校経営という課題遂行に対して包括的・統合的な評価を行うと同時に、そこから進むべき改善への道のりを体系的に示しうる。第二に、評価根拠となる諸資源例とそれを判断する視点をも加えたルーブリックを利活用することで、外部者と相互了解可能な妥当性・信頼性ある評価を行いうると同時に、自校の到達点・相対的段階を確認することを促し、次に何をなすべきかを知るための示唆を与えうる[50]。

こうして各校は、単に最終的な数値結果だけが問われるのでなく、研究や調査に裏打ちされた教育活動・学校経営上の望ましい行動を明示的に意識化でき、自校での有無も確認可能となる。いわば各校が、混沌とする日常の教育活動・学校経営を整序しつつ振り返り、自己評価を深め、改善への道を自ら探る。そうした営為を州の認証評価制度が支援する機能を果たす。このような構図を見出すことができる。

③制度改革をめぐる動向

(a) ミシガン州教育局による制度改定の意向

以上の通り、ミシガン州における州アカウンタビリティ制度は学校認証評価制度として生成され、少なくとも形式的には学校の継続的改善を支援する体制が整備されてきた。だが、特にここ数年、連邦からの指示も含めて、公立学校に対して学力向上を求める社会的期待・要求が一層高まっている。

それを受けて同州教育局はアカウンタビリティ制度改定に乗り出し、従来の認証評価制度としての性質を弱め、他州と同様に学校への厳格なアカウンタビリティの達成・確保を求める制度へと転換を試みた。しかしその試みは地方学区からの強い反発を受け、さらには訴訟も引き起こされたため、頓挫してしまった。そこではいかなる変更が目指され、どのような問題点ゆえに

反発を受けたのか。これらを確認することは、教育アカウンタビリティや学校評価のあり方を考究する上で重要な示唆につながっていく可能性がある。

こうした課題意識に基づき、以下、同州におけるアカウンタビリティ制度改定過程の概略を追い、今後の研究にかかわって重要と思われる論点・課題の確認を試みる。

州教育局は2010年、上記のエデュケーション・イエスという学校認証評価制度を、「MI-SAAS（Michigan School Accountability and Accreditation System）」と称する制度へと改定する声明を発表した[51]。

この改定は、時限立法であったエデュケーション・イエスが同年9月に失効することに伴い、新たな施策が必要になったことにも起因する。さらに連邦からの影響も背景要因として挙げられる。2003年以降、各州は連邦教育省に対して『州統合アカウンタビリティ報告書（Consolidated State Application Accountability Workbook）』の提出を義務づけられた。その中で、州アカウンタビリティ制度の有無・概要等について記すことが求められている[52]。

ミシガン州教育局が上記改定に際し、従来の認証評価制度で問題視したのは、その評価結果がNCLBの「適切な年間学力伸張度（AYP：Adequate Yearly Progress）」の測定結果と一致しないことであった。彼らは、エデュケーション・イエスの導入がNCLB法に対応するものであったと指摘した上で、この制度では、ほとんど全ての学校が「機能している」と評価されるが、連邦の要求に照らせば形骸化していると言われても仕方がない状況だ、と総括したのである。

その上で「最も介入と支援が必要な学校の識別」が可能となる制度が必要だと提起した。学力テストの点数、卒業率、AYP等、連邦施策の指標をほぼ踏襲する形で州内の全学校を序列化し、一定割合の底辺層を不認証にするという制度である。いわば同じaccreditationの語を用いながらも、学力ランキングを用いた、いわゆる一般的な形態での州アカウンタビリティ制度への転換を示すものであった。

具体的に示された評価の枠組みは以下の通りである[53]。

1) 州学力ランク下位5％の学校は自動的に不認証。
2) 州学力ランク下位から6〜80％の学校は自動的に暫定認証。
3) 連邦の学校改善基金または学校改善局の指標で下位5％の学校は自動的に不認証。
4) 認証されるためには、95％の児童生徒がテストを実施する全教科で学力を測定されなければならない。

　新たに生成されようとしたMI-SAASは、認証評価を部分としてのみ含み、学校間の序列化を伴う包括的な州アカウンタビリティ制度として構想された。そこでは、次の4つの情報を各学校別に収集し、ウェブ等で公表するものとされる。第一に児童生徒の到達度（achievement）、第二に州法や政策等の遵守状況、第三に州認証評価の年次ステータス、第四に学校、学区、地域、州に関する追加的情報（財政事情、教員−生徒数比、給食費減免率、進学率等）である。こうして、前述のような学校運営の過程を尊重する丁寧な評価と支援の取り組みは、影を潜めていくことになる。

(b) 改定の波紋と反論
　学校の序列化を強めるような州教育局の改定案は、当然のことながら学区から大きな反発を招いた。明確に州の方針を批判したのは、同州南東部地域の21学区の教育長らが構成するマコームカウンティ・学区教育委員会協会（Macomb County Association of School Administrators）であった。
　同協会は2010年8月、州教育局にMI-SAASに関する意見書を提出し、学力テストだけに基づく評価の構想を厳しく批判した。そして認証評価では、教科外活動への児童生徒の参加率、保護者参加の水準、大学との単位互換、学力補充機会の提供、ACT等の共通テストに則した大学進学準備状況、教職員の研修参加率、等の指標を使用すべきと提案し、これら指標こそが、保護者、地域、企業等に対して学校の状況をより明確に示すことになると述べ

る[54]。改定前の同州の制度を含む伝統的な認証評価が、学校教育の条件や過程を重視した上で必須・有効な事柄を評価項目化しようとしていたことからすれば、彼らの主張は認証評価の本来の意義を改めて確認するものだったといえよう。

さらに彼らは、AYPを認証評価に含むことにも強く反発する。そこで批判されたのは、AYPの測定が学校にとって非常に厳しいという点であった。例えば、学力テストのほぼ全教科で上位成績を収めた学校が、仮に一領域でも（例えば特別支援教育の数学等）適切な年次成績向上が見られないと判断されれば、その学校はAYP全体を満たしていないと判断されてしまう。ゆえに、不合理・不公正だと考えられており、それを認証評価に含むことに対して反発したのであった。

他方、ミシガン州教育委員会内部においても、州教育局の方針は抵抗なく受け入れられたのではなかった。

教育長から改定案について説明がなされ、教育委員たちが同案の是非を審議・採決したのは2010年10月12日の教育委員会の会議であった[55]。その議事録を通読すると2名が明確に改定案に対する異を唱えており、1名は採決を棄権し、賛意を示したのは8名の教育委員中5名に留まっている。各教育委員からの意見でも、連邦施策への同調や低成績校への介入が正当化される一方で、学力への偏重傾向や、手法の強権的な性質への懸念が表明されていた（表3-3-4参照）。

(c) 新たな改定案と地方学区の提訴

上記のような反発を受けながら、州教育局は2011年2月に改定案を変更するに至る。

変更されたアカウンタビリティ制度の改定案では、それまで重視されてきた学力テストの点数を次点に回して、まず学校の法令遵守を評価基準の筆頭とした。そこでは、全教職員が州資格を有すること、年間学校改善計画の作成、必要な教育課程の提供、年間報告書の作成、達成目標の明示、言語・算

表 3-3-4 ミシガン州教育委員会議事（2010 年 10 月 12 日）における主な意見

賛否（数）	主な意見
賛　成 （5 名）	・連邦政府や州政府の方針と一致した、かつ目的の明瞭な認証評価システムが必要である。うまく行っていない学校に対して変革と選択を求めたい。インセンティブは、学校のコントロールできる事柄に対して付与されるべきである。また、資源は学校と教師を支援するためにこそ与えられるべきである。人々は、児童生徒の成績にのみ依拠することを望んではいない。教育委員会は、児童生徒の成績にとって大切な他の数値も扱おうとしている。 ・制度は良く練り上げられており専制的なものではない。 ・より強力なアカウンタビリティの手法が必要なので賛成。いくつかの反論には同感の部分もあるが、特に NCLB 再承認後には、完璧でなくても変革を生み出すことが大切。
反　対 （2 名）	・この制度が少し不安。振り子が振り切れ過ぎの感がある…。（学力水準が大きな比重を持つので、それ以外の項目では）ランキングが上位でも、認証されないという学校が出てくるのではないか。
棄　権 （1 名）	・州教育長にここまで（学区・学校に）踏み込む権限を与えて良いものか。たとえ「法」に明記された権限でも、認証評価のプロセスは教育委員会の「政策」なのだから、最初に認証評価を正しく規定しておくことが必要。 ・少し厳しすぎる制度ではないか。例えば出席率について、不登校の基準や対応ガイドライン等があるのか、それともデータを集めて認証評価に使うだけか。データを集める必要性は理解できるが、問題解決が困難な学校に対する強化や支援にもっと注力したい。

出典：Michigan State Board of Education, *Minutes of October 12, 2010*, pp-9-12, より作成。

数テストの毎年の実施、全米学力調査（NAEP：National Assessment of Educational Progress）への参加、出席率 90％超、95％以上の児童生徒が学力テスト受検、という 9 項目が掲げられ、一つでも欠いた状態が 2 年続くと不認証となる[56]。これが筆頭とされたのは、後述する州学校法への遵守を形の上で分かりやすく示すための対応策だったとも考えられる。

　学力テストの点数については、AYP の使用こそ廃したが、代わりに「州全域・学校別学力ランキング（Statewide Top to Bottom Ranking）」という、テスト結果や卒業率等の数値から算出される全学校ランキングを使用して、結局、上位 20％を認証、残りのうち 75％を暫定認証、下位 5％を不認証とするという枠組みが踏襲された[57]。筆頭から外れたとはいえども、テストの点数

に基づく各学校の序列化が、認証評価の中心とされていることがうかがえる。

不認証とされた場合、各校は前述のエデュケーション・イエスと同様の措置を受ける。だが、これまでの制度では不認証校数が少なかったことに対して、この MI-SAAS では毎年、必然的に一定数の学校が不認証になるものと予想されるため、制裁措置が実質化されたとも受け止められる[58]。

以上の通り州教育局による改定案の変更は、学区から批判された要点を取り下げるどころか、むしろ強化するような方向を打ち出したものであった。

こうした州教育局の姿勢は、学区教委から到底是認されるものではなかった。状況を深刻に受け止めた州内の 3 学区と 1 団体は、MI-SAAS の差し止めを求めて 2011 年 2 月にミシガン州教育局と教育長を提訴するに至る。原告団を構成した学区は、ファンデール学区 (Ferndale)、カラマズー学区 (Kalamazoo)、ランシング学区 (Lansing) に加えて、これら 3 学区も含んだ州内 31 の都市部学区から成る「ミシガン中都市学区協会 (Middle Cities Education Association)」である[59]。

彼らは、以下に掲げる 4 つの理由を示して MI-SAAS が違法であると主張した。

第一に、現行の州学校法では認証評価に含むべき基準として、1) 学校運営と組織、2) 教職員、3) 学校施設・設備、4) 学校−地域間関係、5) 学校改善計画、6) 児童生徒の学業成績、を掲げるが、MI-SAAS ではこれらを十分に含まない。特に 1)、3)、4) の視点を欠いてしまっている。

第二に、州学校法において「認証評価は児童生徒の学力テスト成績にのみ基づくものであってはならない」と禁止されているにもかかわらず、新たな制度改革では、標準テストの基準を満たせないだけで不認証となってしまう。これは、すなわち学力テスト成績にのみ基づいて認証評価が行われていることを意味するもので、州学校法に反する。上記改定案では、こうした指摘を懸念・察知した教育局が、その対策として筆頭項目の入れ替えを試みたものと思われる。

第三に、州学校法では州議会の上下院の文教委員会の承認を待って学校へ

周知すべきところを、その承認を得ずして周知したという手続き的不備がある。

第四に、上記不備のみならず、そもそも州学校法に記載される認証評価の諸基準の変更手続きが、州行政手続法に合致していないおそれがある。

以上4点から、違法可能性の強いMI-SAASが即時停止されなければ、各学区が自身の意に反し、適法でない目的に対して教育予算を支出せざるを得ないと同時に、認証剥奪＝不認証によって法令上のペナルティやスティグマ、評判を聞きつけた保護者の転居等に伴う児童生徒数の減少等、回復不能な損害を受けると原告団は主張したのであった。

これら争点について原告団が特に疑問視したのは、学力ランキングという序列に従う相対評価によって、絶えず一定割合の学校が不認証とされてしまうことであった。原告団の一員であるファンデール学区の教育長メイヤー（Meier, G.W.）は次のように述べている[60]。

「昨年、議員たちと話をしたときも、州教育局がどうやってこの制度を設計したのか関心を示していた。なぜ州教育局は、州内の20％以外の学校から恣意的に認証を取りあげるような選択をしたのか、（議会の文教）委員会のメンバーにも分からなかったようである。私と同様、彼らも、これでどうやって生徒を救うのかと疑問を抱いていた。」

なお当該提訴に対する正式な判決文については入手できていない。したがって司法判断の詳細は今後の検討課題であるが、その後の経緯を追跡すれば、MI-SAASの違法性が認められた様子がうかがえる。

すなわち、訴訟の一ヶ月後（2011年3月）に、管轄裁判所であるインガムカウンティ巡回裁判所（Ingham County Circuit Court）において、原告団の主張が一部認められる形で、MI-SAASの一時差し止めが申し渡された[61]。また、州教育局自身もMI-SAASの成立を断念して、新たに「ミシガン学校アクレディテーション（Michigan School Accreditation）」と称するアカウンタビリティ制度の構想を示しており、改定案が再度変更された模様である[62]。しかし、その内容を通覧してみると、訴訟で指摘された点を極力改善する努力は見受

けられるものの、依然として学校別学力ランキングの利用が明記される等、論争の火種は残ったままとも言える。

④ 小　括

本項ではミシガン州の事例を取りあげ、その概要を検討してきた。改めて同州から導きうる制度改革上の含意と課題について考察すれば、以下のようにまとめられる。

第一に、制度の構想・設計の中心を成す概念の次元に主たる焦点を当てれば、同州では当初、学校の実情に即して継続的改善を支援するという理念に基づく制度設計が試みられていた。

もとよりこのような取り組みは米国全体で観察しうるものではなく、また厳格なアカウンタビリティ要求との相克の中で様々な作用を受けながら、揺らぎや変質・変容を呈する相貌も浮かび上がる。したがって、過度に期待・楽観視されるべきではない。

とはいえ教育におけるアカウンタビリティの"誤用"とさえ言える昨今の状況では、そうした混乱や葛藤も新たな道を指し示す手がかりとして重要となる。

すなわち、本来、アカウンタビリティ概念は、教育専門家の独善とされるような事態を批判的に捉えるためのものであった[63]。しかし、今や同概念は、学力向上を掲げて教育者の自覚的改善を強く求める中で、彼らによる事態の統御が可能か否かを厳密に判別することなく、果たしようのない包括的な責任を追及するための概念と化しているのではないか。それは、教師らに際限ない努力を求めることになり、彼らを追い詰めるような性質を帯び始めていると受け止めるべきではないか[64]。

例えば児童生徒の学力には、学校や教師の"教育力"以外に、社会経済的背景等の変数も作用しているはずだが、そのような条件の影響は十分に考慮されているとは思われない。アカウンタビリティ概念が有する説明性という本質的属性さえ、"説明さえしておけば良いという無責任な語感を与える"

等の理由で批判を受けることもある。「"説明"責任」という訳語は忌避され、成果に対する包括的責任を負うべきとの論理（「結果責任」「成果達成責任」）が優勢にもなる[65]。そうなれば、同概念が教育専門家の弁明や弁解を正当に位置づけない道具として利用され、あるいは機能するおそれも生じる。教育成果に対する社会の側の要望・期待に応えることは重要ながらも、例えば期待自体が妥当か公正か等を問い直す機会は減少していく。無前提・無批判にアカウンタビリティ概念に依拠する研究活動が、事態の悪化に拍車をかける傾向も懸念される。

こうした状況下では、州アカウンタビリティ制度を単なる集権–分権軸やテストによる管理等といった視点で一元的・一面的に捉えるのではなく、統制、抑圧、支援、承認等、様々な力学が渦巻き、混乱・葛藤が展開される舞台として捉え、各学校の教育活動や、保護者・住民の教育通念に働きかける作用に注目しながら、その構造と機能を丁寧に紐解いていくことが重要な研究課題の一つと言える。そこから、アカウンタビリティ概念の適正化・公正化を実現する新たな制度のあり方を模索する手がかりも与えられよう。この点でミシガン州に見るような、アカウンタビリティ制度と認証評価制度の一体的な構築と運用からは、学ぶところが大きい。

第二に、制度が具現化されていく社会的力学の次元に主たる焦点を当てれば、同州では、学力テスト点数向上を求める連邦教育省の方針や全米的な機運の中で、州教育局が当初の設計理念をあたかも反転させるかのごとく、学校の序列化に基づく結果重視型の制度設計へと転換を試みる様相が見て取れた。いわゆる底辺校・学力困難校の発見、特定、公表、介入等のスキームを確立するアカウンタビリティ制度へと変容する力学が働いたものと考えられる。

州教育局にしてみれば、学力テストの点数向上が望めない現実を眼前に、財政難で人員・予算等の諸資源が制約される中で、議会や州民への要求・批判に効果的・効率的に応えようとしたとき、この変容はほぼ唯一の選択肢とも映りうる。

逆にこのことは、認証評価の基本理念の一つである教育専門家の協働的な自助努力自体が、その存在意義を疑われる時代であることも象徴している。州全体の学力向上を期すれば、まず相対的な底辺層の改善を求めるのは必然でもある。しかも従来の「実績」からすれば、そういう学校ほど変革し難いのであり、それを動かす劇薬を求めるのも自然かもしれない。学校教育の過程を丁寧に評価・支援するという理念は、あまりにも迂遠で無駄が多いとされてしまいがちである。他方、現場の教育者には、自らの統制下にない事柄も含んで評価され、また、本来最も「てこ入れ」されるべき学校が選別やスティグマに悩むという結果は容認できるものではない。

こうしたミシガン州の論争的状況からは、研究上の方法的観点にかかわる次の2点の課題が導かれうる。

一点目として、教育アカウンタビリティ追及とその中核たる学校評価において、公正・正義等の"法"の理念や精神が改めて重要になっている。しかもそれは、手続き上の適正さという一般論的な問題にとどまらず、教育の本質・条理に則したものであることが求められる。

同州学校法は、学力テストだけに依拠した認証評価を禁じる点で、一定の歯止めとしての役割を果たしていた。そこには、学力結果が様々な社会的諸要因の産物であり、教育者の責任のみを問うのは不公正とする発想が見て取れる。かといって学校への評価を断念するのでなく、児童生徒の発達をどれほど引き出し得たかという、教育のしごとの本質に則した評価こそが重要であり、いかに"教育上"公正で正義にかなう評価にするかということを解明課題とすべきである[66]。

二点目として、教育におけるアカウンタビリティ・学校評価を突き動かす源泉に目を向けたとき、単純さや分かりやすさを求める社会的要求が原動力となっていた。しかしそれは時として、学校にとって不条理と思えるところもあろう。

この問題に対応するには、第一の点とも関連して、教育に対する社会の理解がどう深まるかが重要となる。その意味では、アカウンタビリティや学

校評価を、単なる本人−代理人関係や、要望−応答等のベクトルで捉えるだけでなく、学校・教職員と保護者・住民(社会的要求)との相互作用・相互変容を軸とする"教育と社会の関係調整"の理論の一環に位置づけて考究していく必要がある。

(3章3(4) 山下晃一)

4. 小 括 ——アカウンタビリティ制度下における認証評価の変容

(1) 学校改善を軸にしたアカウンタビリティと認証評価の連関

19世紀末に起源をもつアメリカの学校認証評価は、大学とハイスクールの質を保証する仕組みとして形成された。だが現在、小学校および前期中等レベルにおいても認証評価を受ける学校が数多くみられる。加えて、学区教育委員会を対象とする認証評価も少なからず行われるようになっている。そこにはどのような背景があるのか、とくに学校改善(school improvement)のための学校評価という指向性に着目して学校認証評価の最新動向を捉え直す。それが、本章の基本的な課題であった。

前節までの考察によれば、その背景には「認証評価(accreditation)」概念の変容があると考えることができる。それは、任意性の低下つまり強制性の強化と、インプット条件からプロセス条件への焦点の移行である。ボランタリーな仕組みとして起ち上げられた認証評価は、政府による奨学金制度との結合施策などにより社会的強制力を増した。さらに、1970年代以降、教育の「結果責任」を追求する「アカウンタビリティ(accountability)」概念が影響力を増し制度として具現化されるのに対応して、「認証評価」は自らの意義を、「結果」を規定する「プロセス」条件としての学校組織的条件の追求へとシフトさせていった。アカウンタビリティの追求はすべての公立学校に対して強制力をもつ。とりわけ、すべての州で学力に焦点づけたアカウンタビリティ制度の厳格化を徹底させるNCLB法の下で、学校改善を指向する「認証評価」

は社会的強制力を増しながら初等中等レベルの学校にも広く受け入れられるようになっていったと考えられる。

　こうした変化を自ら積極的に推進すべく創設された機関がAdvancEDである。同機関は、各地域協会が1世紀あまりにわたって取り組んできた「認証評価」とNCLB法に基づく「アカウンタビリティ」との対照を表3-4-1のように示している。そうして、政策的要請に基づいて構築された「近年のアカウンタビリティ制度は生徒の学力と短期的な改革のスナップ・ショット（snapshot）だけを捉えるものになってきた。それにつれて、質の高い認証評価の仕組みは、質の改善を継続的に促すための組織プロセスに対して活動の照準を合わせるようになってきた。そのために、学校の諸状況、行動、プロセスについての定期的な評価を綿密に行うようになったのである。その定期的な評価では、生徒の学業達成度の向上を導く組織的な効果の総体を最大化するために学校が行うべきことについて診断する。結果として、学校と学区は、生徒の学習成果を高めるために、ガバナンス、教師の質、データ活用、当事者間のコミュニケーションと関係などを含めたどのようなプロセスが寄与するのかを学び取ることが可能になる。」[67]と述べている。

　また、AdvancEDは学校における意義ある改善（meaningful improvement）を

表3-4-1　アカウンタビリティとアクレディテーションの対照

システム	焦　点	取り組まれていないこと
Accountability	✓標準化された、測定可能な学業達成結果 ✓生徒全員の学力 ✓生徒の下位集団どうしの学力差 ✓介入を必要とする低学力の学校・学区に対する措置 ✓結果の公開	リーダーシップや望ましい教授・学習と関係づけられた組織的効果に関する条件（それは、学校・学区が継続的な改善のプロセスを形成するために用いるもの）
Accreditation	✓学校・学区の質に関する状況 ✓組織的要因（ガバナンス、リーダーシップ、地域による支援など） ✓基準と目標に向けた進展 ✓州財源による奨学金貸与資格条件としての使用	生徒の学業達成の結果を適度に重視すること

出典：AdvancED, *Accountability 2.0 : A Model for ESEA Reauthorization*, 2010, p.3

第3章 アカウンタビリティ制度の展開と認証評価　149

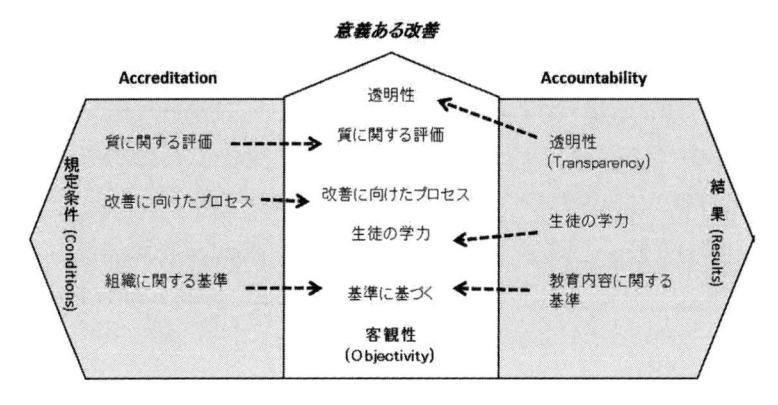

図 3-4-1　学校改善を軸にした Accountability と Accreditation の連関関係
出典：Advance ED, Accountability 2.0：A Model for ESEA Reauthorization, 2010, p.4

軸にして「アカウンタビリティ」と「認証評価」の連関関係を図 3-4-1 のように表している。生徒の学業達成に焦点づけた「結果」を追求するアカウンタビリティと、その「結果」を規定する学校・学区レベルの組織的諸条件の整備を促進する認証評価という両者の関係を描こうとしていることがみてとれよう。

　AdvancED による活動は、「よい学校」あるいはそうした学校へと導く学校改善のあり方を、学校認証評価が長年にわたって依拠してきた地域固有の文脈に囚われず、普遍性を有するものと捉え返す試みと位置づけることができる。また、従来の 6 地域協会の活動が基準に基づく評価と認定を基本としてきたのに対して、北中部協会（NCA）と南部協会（SACS）を包括する 30 州を対象範囲として 2006 年に創設された AdvancED は、改善を導くための支援を積極的に展開している[68]。

(2)　州レベルにおけるアカウンタビリティと認証評価の関係態様

　いっぽう、学校認証評価は元来、任意団体によるもので、組織と活動のありようは協会ごとに多様である。初等段階の学校への普及度合いも協会によって異なり、さらに州による違いも大きい。AdvancED が包括する 3 つのエ

4. 小 括

リア(調査時点)をみても、認証評価の態様は州によってかなり異なる。その違いは、各州が構築しているアカウンタビリティ制度の特徴と、そこにおける認証評価の位置づけられ方によるところが大きいと考えられる。

1990年代以降、州レベルのアカウンタビリティ制度は学業成績の達成度による評価の仕組みとして整備され、2002年以降、それはNCLB法によって全州に行き渡ることになった。それとの関係で学校認証評価のありようを州別に捉えてみると、州のアカウンタビリティ制度、州独自の認証評価制度の有無、アカウンタビリティ制度に対する学校認証評価の関係づけ、という各要素相互の組み合わせにより各州の特徴が生じていると考えられる。

50州のすべてを詳細に検討するには遠く及ばないが、可能な範囲で行った分析に基づけば、次の4つのケースに整理できる(第3章2を参照)。

① 州アカウンタビリティ制度を補完する要素として地域協会による認証評価制度が組み込まれている。
② 学校認証評価制度を中心として、その中にアカウンタビリティの要素を組み込んでいる。
③ 州によってアカウンタビリティ制度と学校認証評価が一体化された包括的な制度が構築されている。
④ アカウンタビリティ制度と学校認証評価が州レベルの制度としては連動していない。

ただし、アカウンタビリティ制度の厳格化が個別学校レベルにおける学校改善への要求を高めつつ進行している一方で、AdvancEDに象徴されるとおり認証評価も学校改善への結合を強く指向してきたという経緯を踏まえると、両者の関係は明確な区別が困難な性質になりつつあるとも考えられる。

(3) 州アカウンタビリティ制度下における学校・学区認証評価の意義と課題

AdvancEDの対象エリアにある4つの州の事例分析結果は、各州の個別文脈によって学校・学区認証評価のありようは多様だということを明白に示している。その中から見いだされる、学校・学区認証評価が有する固有の意義

とは何か。

 第一は、強力なアカウンタビリティ制度の下にあって、教育専門家の同業者による第三者的評価という基本的性質が、いっそう重要性をもつということである。不特定多数の一般住民に説明可能な学業達成度に重点を置いた限定性のもとでのアカウンタビリティ制度は、学校の教職員と児童生徒をはじめとした関係当事者の間で繰り広げられる多様で豊かな活動を捉えることができない。にもかかわらず、一時点のスナップ・ショットに過ぎないテストスコアデータに基づく評定結果は、多くの人々（当該校との関係の有無や親密度に関わらず）の意識に様々なインパクトをおよぼす。アカウンタビリティ制度は各学校に対して、その評定を受けて改善計画を作成して実施することを求めるが、1年という短い周期の評定の繰り返しでは、改善の取り組みも目先の手直しに陥りやすい。「学校が子どものために行っていることを教育専門職という同業者間で承認する」ということを数年単位で行う認証評価は、そこに異質の要素をもたらすことになる。

 たとえばフロリダ州の事例で見たように、州アカウンタビリティによって低い評定を受けた学校であっても、認証評価の過程では、その改善に関与しうる教職員や保護者等が学校全体のありようをじっくりと見つめ直し認め合うことができる。ミシシッピ州では州独自の認証評価制度があるものの、プロセス条件に関わる評価は最低水準の保証を意図しており、やはりテストスコアというスナップ・ショットへの関心が濃厚である。その問題を自覚した当事者が改善に向けて取り組もうとするとき、教育専門家の視点によるプロセス条件の評価を求めているのだと言えよう。

 第二は、学校あるいは学区の関係当事者による十分な自己評価とそのためのコミュニケーションの機会を確保することである。フロリダ州の事例では、学校認証と学区認証のどちらにおいても、認証評価の報告書に記載された勧告事項等をめぐって多様な立場の関係者どうしで意見交流をすることが重視されていた。この点は、ある程度の時間をかけることによって可能になるという点で、第一の点とつながるものである。

第三に、以上のような認証評価を学区単位で実施することは、学校および学区教育委員会の当事者に対して、学区全体にわたる視野で課題を捉え、目標やカリキュラムの関連性や接続性などを考える機会をもたらすことになる。たとえば、フロリダ州の事例では、学区教育委員会担当者が管轄内の様々な学校の実情にいっそうの関心を向けてオーナーシップを高める状況がみられた。またミシシッピ州でも、様々な立場の人々が学区全体のビジョンを共有し保護者などの協力意識を喚起することが可能になるという実態を見いだすことができた。ジョージア州の事例においても、各学校の関係者と学区教育委員会が共通の認識とビジョンをもって改善に取り組むことを促している状況を見いだすことができた。

　そして第四に、教育専門家が相互に訪問評価を行うことで、訪問評価を実施する委員にとっても学校改善やその支援に取り組むための実践的知識を蓄積するというメリットをもたらす。このことは、事例調査のインタビューにおいてもその点での意義が少なからず語られた。また、前章で提示したASSIST（Adaptive System of School Improvement Support Tools、学校改善支援ツールの適応システム）というプログラムにも見いだされるものである。

　認証評価が有する独自の意義はおよそ以上のように捉えることができる。その上で注目したいのが、ジョージア州とミシガン州にみられる動向である。両州では、州レベルにおいてアカウンタビリティ制度と学校認証評価を一体化して運用しようとしている。

　ジョージア州の場合、州教育局が学校改善支援の要素を強化するためにAdvancEDと連携し、アカウンタビリティ制度の中に認証評価手続きの訪問評価を組み込む仕組みを起ち上げている。学校改善支援という目的で、州教育局と独立機関である地域協会とが協力してそれぞれの機能を結合させようとするものである。いっぽう、ミシガン州は州独自の制度として、アカウンタビリティと認証評価を一体化した制度を構築してきた。AdvancEDの協力を受けて作成された「学校改善フレームワーク」には、学校改善を導くためのプロセス条件が位置づけられ、それに基づく学校の自己評価が重視されて

第3章 アカウンタビリティ制度の展開と認証評価

いた（但し、現時点の政策は揺れている）。単なるスナップ・ショットに基づく評定ではなく「継続的改善」のプロセスを見据えた評価と改善支援の要素がともに組み込まれた制度が州政府によって作られてきたと見ることができよう。

このような動きをどのように考えればよいのだろうか。

教育専門家である同業者による評価を軸に、あくまでも自主的な取り組みとして行われてきた認証評価は、その性質を大きく転換しつつあると見ることができる。納税者をはじめとする一般住民への説明と情報公開を必須要件とする州アカウンタビリティ制度は、それ自体の中に学校改善を促す要素を持ち合わせているわけではない。個別学校レベルでの改善を考えるためには、文字や数値による即時的表現が困難な学校全体のプロセスへのアプローチが不可欠である。学校認証評価を行う地域協会は、学校改善を指向する基準作りを通じて次第にこの点に着目するようになったものと考えられる。ただし、改善過程で重要な要素は当事者による自己評価とコミュニケーションのプロセスである。限定的で断片的な要素に囚われがちなアカウンタビリティ制度の評価視点から独立したところで、そのようなプロセスを確保することは重要だと考えられる。ジョージア州やミシガン州の例はその両者を州制度に内在化させる動きだと理解できる。だが、それは元来の意味との矛盾をはらんでいるように思われる。州制度に一体化されることによって、教育専門家が行う相互評価という性質や、それに触発されて生み出される学校改善への自発的取り組みは、後退する可能性があるのではないだろうか。ミシガン州での制度改変をめぐる論争はそれを映し出している。

厳しいアカウンタビリティ制度と、学校改善を指向する認証評価の間には、そのように相容れない要素を含む関係があるように思われる。その現実的運用のあり方として興味深いのは、ジョージア州チェロキー郡の取り組みである。学区認証を受けている同学区では、州レベルのアカウンタビリティ制度と AdvancED の認証評価の両者を、学区独自の5ヶ年戦略計画を軸に連関的に機能させているとみられる。全41校の学校を擁する同学区で、学校

4. 小 括

管理職が認証評価に対応した取り組みを学校経営そのものと捉え、結果としてアカウンタビリティに応えることができると認識している背景には、州でも AdvancED でもなく、地域的文脈に即した、教育長をはじめとする学区教育委員会による主体性があると考えるべきであろう。

(3章4 浜田博文)

[注]
1 例えば、中留武昭『アメリカの学校評価に関する理論的・実証的研究』第一法規、1994年、1頁。
2 Mississippi Department of Education, *Mississippi Public School Accountability Standards*, 2010.
3 浜田博文「アメリカにおける学校認証評価 (school accreditation) の仕組みと最近の動向」『戦略的学校評価システムの開発に関する比較研究』科学研究費補助金報告書(研究代表者:小松郁夫)、2010年、74-83頁。
4 例えば、州認証評価と地域協会認証評価が分立する(相互関係なし)ミシシッピ州の実態調査では、地域協会認証評価を受審する学校関係者から、地域協会の認証評価基準を連邦の標準レベルと捉える(州内公立学校全体の引き上げに有益とする文脈)見解が示された。本書3章3(2)のミシシッピ州の事例を参照。
5 中留武昭、前掲書、214-215頁。
6 AdvancED, *AdvancED:Who We Are and What We Know:An Overview of the AdvancED:2009 Impact Study*, 2009
7 北西部協会は、2010年に Northwest Association of Accredited Schools (NAAS) から Northwest Accreditation Commission (NWAC) に名称変更し、さらに2012年12月に、AdvancED の認証評価部門への合流を決定した。2012年7月以降、NWAC は AdvancED 北西部地域オフィスのもとで運営されている。http://www.northwestaccreditation.org/our-history (2012年9月20日最終確認)。
8 例えば、AdvancED 設立に伴い、同組織内に専門職能部門・イノベーション部門・情報テクノロジー部門が開発され、認証評価事業実施のほか学校経営改善支援ツールの開発・提供等が意図されていることなどによる。浜田博文・竺沙知章・山下晃一・大野裕己・照屋翔大「現代アメリカの初等中等学校の認証評価の動向と特徴」(日本教育経営学会第50回大会自由研究発表資料、於静岡大学、2010年6月5日)。
9 Kansas State Department of Education, *Consolidated State Application Accountability Workbook*, June 2011, p.6.
10 Virginia Board of Education, *Regulations Establishing Standards for Accrediting Public Schools in Virginia, 8 VAC 20-131, 2011*
11 Hawaii Department of Education, Planning & Evaluation Office, *Accountability Framework*,

第 3 章　アカウンタビリティ制度の展開と認証評価　155

November 2003.
12　Michigan State Board of Education, Standards for Accreditation, *Education YES! − A Yardstick for Excellent Schools*, 2003.4.17.
13　浜田博文『「学校の自律性」と校長の新たな役割』一藝社、2007 年
14　同上、176-184 頁。
15　読解（reading）、筆記（writing）、数学（math）、理科（science）についての知識とスキルを測定する（Florida Statutes 1008.22）。なお、FCAT は 2012 年から FCAT2.0 に改訂されているが、制度の基本枠組みは同様である。http：//fcat.fldoe.org/（最終確認日：2013 年 9 月 4 日）。
16　Florida Statutes 1008.34
17　浜田博文「アメリカにおける学校の自律性と責任―SBM (School-Based Management) とアカウンタビリティ・システムの動向分析―」、『学校経営研究』第 25 巻、大塚学校経営研究会、2000 年 4 月、pp.32-41、を参照。
18　http：//www.fldoe.org/esea/（最終確認日：2013 年 9 月 4 日）。
19　http：//www.advanc-ed.org/oasis2/u/par/search（最終確認日：2013 年 9 月 4 日）。
20　http：//www.fldoe.org/Department/（最終確認日：2013 年 9 月 4 日）。
21　訪問時点で、小学校 33 校、中学校 9 校、高校 7 校を擁する。
22　訪問時点で、小学校 17 校、中学校 8 校、高校 7 校を擁する。
23　AdvancED, *Accreditation Standards for Quality Schools*, 2007. なお、基準は 2012 年度に改定されたので、インタビュー当時の基準は旧版にあたる。詳しくは第 2 章を参照。
24　学区認証評価の場合、5 年おきに学区教育委員会事務局と学区内の 20% 無作為抽出の学校への訪問評価を行うことになる。
25　同州の場合、初等学校向け認証評価プログラムは 1926 年、ミシシッピ教育協会の設置したコミッションで初めて開発された。
26　Mississippi Department of Education, *Mississippi Public School Accountability Standards*, 2010.
27　この 2009 年段階の制度改正は、2007 年に州教育省が掲げた① 2013 年度までにドロップアウト率を 13% までに縮減、② 2013 年度までに全米規模の学力調査で平均レベルに到達、③ 2020 年までに第 3 学年以外の全ての子どもに reading の学年水準の学力を保障、の三つの目標に照らして行われた。
28　関連して、注 26 文献に付された用語集においては、"Accountability System" について「すべてのステークホルダーを生徒の学力に対して責任を保持させるためのプロセス全体」とし、「州学力調査システム、各生徒のアカウンタビリティ基準、学区・学校の両者に報酬・制裁を与えることを含む認証評価モデル、改善失敗校等への介入の手続きを含むもの」と定義している。
29　ミシシッピ州教育省認証評価部ウェブサイト参照（2009 年教育長等向け研修資料を参照。最終確認日：2011 年 5 月 9 日）。なお、コミッション委員の任期は 4 年で、州内 5 地区 (Congressional Districts) より各 3 名、学区職員、校長、教員、非教育関係者の別で選任されている。

4. 小　括

30　報告書の内容は、ウェブページや紙媒体で広く公表されなければならないこととなっている。
31　この3指標は、上記注27の2007年州目標に対応したものとされている。
32　訪問した2学区は、その所管校全てが生徒到達度等級（州認証評価）で言えばSuccessful以上の水準にあり、州内でも水準の高い学区である。また、訪問校の生徒到達度等級も高く（マグノリアパーク：High Performing, バイユービュー小学校・中学校：両校Star）、今回の同州訪問調査の分析考察とかかわっては、このような訪問校の特性について留意する必要がある。
33　この点、ガルフポート学区マグノリアパーク小学校長からも同様の見解が示された。
34　SBOE Rules §160-7-1-.01 Single Statewide Accountability System 参照。
35　*Guidance for the Implementation of Georgia's Single Statewide Accountability System State Board of Education Chapter 160-7-1*：*A collaborative effort between the Office of Student Achievement and the Georgia Department of Education.* 2006. p.7.
36　以上のGAPSSの概要については、Georgia Department of Education. *GAPSS ANALYSIS Georgia Assessment of Performance on School Standards*：*Closing the Gap.* 2008. p.6を参照。これによると、一日目は校長、副校長、学校経営チーム（School Leadership Team）、すべての有資格教員、カウンセラー、生徒を対象にしたインタビューを行い、授業参観も実施されることがある。また2日目と3日目はSchool Keysに示される8つの基準に関して検討が行われる。
37　*Memorandum of Agreement Between The Georgia Department of Education And The Southern Association of Colleges and Schools Council on Accreditation and School Improvement,* 2008.6.27.
38　*Frequently Asked Questions(FAQ's) about the Memorandum of Agreement(MOA) Between the Georgia Department of Education(GaDOE) and the SACS Council on Accreditation and School Improvement(SACS CASI),* 2008.6.27.
39　http：//www.advanc-ed.org/oasis2/u/par/search（最終確認日：2011年5月21日）
40　ジョージア州教育局（Georgia Department of Education）の統計を参照。http：//www.doe.k12.ga.us/ReportingFW.aspx?PageReq=211&PID=61&PTID=67&CTID=216&StateId=ALL&T=0（最終確認日：2012年3月21日）
41　既に多くの事例研究が手がけられているが、まとまった研究として、北野秋男編著『現代アメリカの教育アセスメント行政の展開―マサチューセッツ州（MCASテスト）を中心に―』東信堂、2009年が挙げられる。同書は教育方法学分野との共同研究という特色を持つ。バイリンガル教育政策の視点からの最近の論考として、滝沢潤「アカウンタビリティ政策下における双方向イマージョン・プログラムの成果と学校評価の課題　―カリフォルニア州を事例として―」『教育行政学研究（西日本教育行政学会）』第32号、2011年。酒井研作は2000年代のカリフォルニア州を素材にアカウンタビリティ制度を一貫して論じていた。酒井研作「カリフォルニア州公立学校アカウンタビリティ法にみる学校改善活動の特質と課題」『広島大学大学院教育学研究科紀要　第三部』第56号、2007年、他。

第 3 章　アカウンタビリティ制度の展開と認証評価　157

42　Accreditation は高等教育分野で盛んに研究がなされているが、初等中等教育分野にも深く関わる動向として本書では注目している。アメリカでは本来、州ではなく地域別の基準協会が主体となってきた。さしあたり前田早苗『アメリカの大学基準成立史研究—「アクレディテーション」の原点と展開—』東信堂、2003 年、参照。

　なお、ここにいう「認証評価」の訳語については留保が必要である。一般に認証評価という制度枠組の下では、各校・各大学に対して直接に評価を行う団体・組織等（「評価団体」）が、政府と別個のものとして存在する。「認証 (recognition)」の語は、それら評価団体が政府によって公的に認められた（recognized）状況を指し示す際に用いられる。そのことからすれば、各学校を直接の対象とする評価行為、換言すれば評価団体が行う accreditation の訳語として認証評価の語を充てるのはふさわしくないとの考えもありうる。

　しかし本節では、①日本語の「認証」が有する本来の語義（行為等が正当な手続・方式でなされたと公の機関が証明すること）に回帰した上で、②公の機関が有する権限の源泉は国民・人民たるべきと捉える立場に立ち、③現代教育課題を主眼に据えれば、各学校に対する人々の社会的支持・正統性の調達を重視する必要があるという視点に基づき、④さらに本節の扱う accreditation の主体が州という公的機関であることも念頭に置いた上で、初等中等教育における accreditation の訳語として認証評価の語を仮説的・暫定的に用いる。すなわち、初等中等学校が公共社会的に認証される局面を主に焦点化した事態の把握・考究を企図するものである。もとよりこの語法には短所もありうるので今後さらに検討を詰めたい。

43　Michigan Department of Education, *Standards for Accreditation, Education YES!—A Yardstick for Excellent Schools*, 2003.

44　State of Michigan, *The Revised School Code, Michigan Compiled Laws (MCL)*, 380.1280, "Accreditation".

45　どの措置が採られるかは州教育長が決定するものとされている。これら措置の運用実績は確認できなかったが、これには本文でも触れた実際の不認証校数の少なさが影響していると推測される。なお学校に対する一連の制裁措置については、社会制度一般への信頼度・予期や制度通念、国家権力と評価の構成のあり方等にも大きく依存するものの、日本での導入の是非等も想定した検討が必要になってきたようにも思われる。原理的考察としては三上和夫『教育の経済』春風社、2005 年、特に第三章に学びつつある。事例検討としては、対象地域や年代も異なるが、さしあたり山下晃一『学校評議会制度における政策決定』多賀出版、2002 年、p.189 以下参照。

46　Michigan Department of Education, *School Report Card Summary and Data File 2010*, http：//www.michigan.gov/documents/mde/Media_Reports_with_Code_Numbers_2010_329500_7.zip（2012/9/25 最終確認。）

47　Michigan Department of Education, *Performance Indicators for Education YES! School Improvement Framework Strands*, 2007. 試行段階では全 90 項目に及ぶ「重要な特徴」が設定されたが、その後、評価作業の軽減等のため、各ベンチマークを網羅しつつ 40 項目に絞り込まれた。認証評価に際しては最低限の自己評価で済むが、全項目に

158 4. 小　括

渡る広範な改善を自発的に望む学校を支援するために、手引書等も準備されている。Michigan Department of Education, *Michigan's School Improvement Framework：Action Portfolio：School Comprehensive Needs Assessment and Planning Tools*, 2009.

48　このベンチマーク（学校文化、風土）で挙げられるその他の「重要な特徴」として、「データに基づいて動く文化」「協働的な意思決定のプロセス」等がある。

49　Michigan Department of Education, *Michigan School Improvement Framework Rubrics*, 2005. および、Michigan Department of Education, *Michigan's School Improvement Framework：Action Portfolio, School Comprehensive Needs Assessment and Planning Tools, School Process Profile*, 2009. ミシガンの取り組みをめぐっては、第1章1.(3) の NCA CASI、さらにはその親団体であるアドバンスエド（AdvancED）との関係が、重要な検討事項として残されている。

50　ここでのルーブリックを中心とする考察に際しては、教育方法学で展開される議論から示唆を得た。田中耕治『教育評価』岩波書店、2008年、143-144頁。

51　Michigan Department of Education, *Michigan's School Accreditation and Accountability System：From Education YES! To MI-SAAS*, 2010.

52　U.S. Department of Education Office of Elementary and Secondary Education, *Consolidated State Application Accountability Workbook*, 2003.

53　Flanagan, M.P., *Memorandum from Superintendent of Public Instruction to the Michigan State Board of Education*, July 26, 2010.

54　Macomb County Association of School Administrators & Macomb Association of Curriculum Administrators, *Position on the Proposed Michigan School Accreditation and Accountability System (MI-SAAS)*, 2010.

55　Michigan State Board of Education, *Minutes of October 12*, 2010.

56　Flanagan, M.P., *Memorandum from Superintendent of Public Instruction to the Michigan State Board of Education*, February 1, 2011.

57　加えて近年の連邦施策「レース・トゥ・ザ・トップ（RTTT：Race to the Top）」に即して導入された「恒常的低学力校リスト（PLA：Persistently Lowest Achieving list）」への登載の有無も考慮される。

58　さらに、学校・学区の社会経済的背景等の情報が認証評価時に考慮に入れられるべき項目から除外され、単なる参考的情報提供と位置づけられてしまった。

59　以下の記述は原告団の準備訴状に基づいている。*Ferndale Public Schools, Kalamazoo Public Schools, Middle Cities Education Association and Lansing School District v. Michigan Department of Education and Michael Flanagan, in his official capacity as Superintendent of Public Instruction*, State of Michigan in the Circuit Court for the County of Ingham, February 7, 2011. ミシガン中都市学区協会は同州で都市部を抱える学区を中心として1972年に結成され、都市部特有の教育課題への対応等の共同事業に取り組んでいる。

60　Middle Cities Education Association, *For Immediate Release on February 7*, 2011.

61　Ferndale Public Schools, *Ferndale Schools eNews*, March 4, 2011. この訴訟を通じて州教育

第3章　アカウンタビリティ制度の展開と認証評価　159

局の窮状も指摘された。提訴直後の記事によると、予算削減に伴う早期退職と人員補充凍結でミシガン州教育局は人材不足に陥り、多くの経験豊かな職員が離脱したため知識が枯渇している、と州教育長自身が嘆いていたとされている。原告団を構成するカラマズー学区の教育長ライス（Rice, M.）は、これを機に、州教育局を窮地に追い込む教育予算の不足問題についても注目されることを期待したい、と述べた（Middle Cities Education Association, ibid.）。同様の記述は、Michigan Association of School Administrators, *Judge Blocks MI-SAAS Accreditation System*, March 3, 2011, http：//gomasa.org/news/judge-blocks-mi-saas-accreditation-system (2012/9/25 最終確認) にも見られる。なお、RTTT においてミシガンが遅れを取ったことから、学校の序列化を基軸とする厳しい評価・選別制度を構築したとの見解もある。

62　Flanagan, M.P., *Memorandum from Superintendent of Public Instruction to the Michigan State Board of Education*, June 8, 2011.
63　黒崎勲『教育行政学』岩波書店、1999 年、木岡一明『新しい学校評価と組織マネジメント』第一法規、2003 年、等参照。
64　このような状況は欧米の研究動向においても以前から懸念されていた。拙稿「アメリカにおける教育アカウンタビリティの今日的課題—1980 年代以降の動向に着目して—」『教育行財政研究（関西教育行政学会）』第 25 号、1998 年。この点に関して、近年、平田淳は教育アカウンタビリティ概念の精緻化を目指して丁寧な議論を積み重ねており、学ぶところが大きい（平田淳「『教育におけるアカウンタビリティ』概念の構造と構成要素に関する一考察」『弘前大学教育学部紀要』第 100 号、2008 年、他）。ただそこで「学校が担うべき役割と家庭や地域が担うべき役割の明確化」をアカウンタビリティとは別問題とされる（98 頁）ことには議論の余地が残る。多忙化や無理難題等の教職の困難が論題化される今日、教師のしごとの質・範囲をどう規定・確定するか（しないという選択肢も含み）というテーマこそが検討されるべき喫緊の課題ではないか。役割が確定してこそ責任も明瞭になるとすれば、アカウンタビリティ概念の多様性・複雑性を指摘するにとどまらず、教育の条理・本質に即した役割＝責任のあり方の究明が重要かと思われる。この問題は教育アカウンタビリティの"範囲"という本質的問題として一体的に論じられる必要がある（同上拙稿参照）。
65　こうした発想はかねてから根強い。例として松本博「アカウンタビリティーの和訳の疑問」『月刊監査役（日本監査役協会）』第 379 号、1997 年。一民間企業の常勤監査役による同論考では、企業経営をめぐるアカウンタビリティ概念の拡大が是とされる。私企業の、しかもそれを統括する会社役員等の重大な「責任」を、情報公開等の「説明」に矮小化すべきでないというのが同論考のモチーフだと思われる。自由経済社会における民間企業の活動を論ずる場合、このロジック自体は容認しうるものであろうが、こと公立学校教育への適用ということになれば、組織使命の公共性や使命達成の困難度、あるいは待遇や報酬等といった担当者の得る便益等、諸条件が著しく異なるのは明らかであり、責任の矮小化に該当するか否かを含め、厳密な学問的検証が不可欠なことは言うまでもない。にもかかわらず、そのような検証

4. 小 括

を欠いたまま単純受容する研究も見受けられる。

66 関連する提起として、Rothstein, R., Rebecca, J. & Tamara, W., *Grading Education*：*Getting Accountability Right*, Teachers College Press, 2008, は重要な研究の一つと考えられる。

67 AdvancED, *Accountability 2.0：A Model for ESEA Reauthorization*, 2010, p.3
　なお、この時点での AdvancED による認証評価の基準は下記の 7 つによって構成されている。
　1. ビジョンと目的（Vision and Purpose）
　2. ガバナンスとリーダーシップ（Governance and Leadership）
　3. 指導と学習（Teaching and Learning）
　4. 教育成果の記録と利用（Documenting and Using Results）
　5. 諸資源と支援のシステム（Resources and Support Systems）
　6. ステークホルダーとの対話と関係（Stakeholder Communications and Relationships）
　7. 継続的改善へのコミットメント（Commitment to Continuous Improvement）

68 浜田博文・竺沙知章・山下晃一・大野裕己・照屋翔大「現代アメリカにおける初等中等学校の認証評価（accreditation）の動向と特徴」日本教育経営学会第 50 回大会（静岡大学）発表資料、2010 年 6 月 5 日。

第4章 アメリカにおける学校認証評価の現代的展開
——全体総括

1. 認証評価の概念とアカウンタビリティの概念

(1) 教育改革の機軸としての両概念

 以上で示してきたように、アメリカにおける認証評価は州教育委員会（教育庁）や地域協会の活動を通じて制度化を図られてきた。それらは教育アカウンタビリティ制度と決して無関係でなく、きわめて密接に関連しながら展開している。

 アカウンタビリティ概念については、わが国でも教育改革をめぐる中心概念の一つとして注目されており、アメリカを含む各国の教育経営・教育行政の諸相を理解する上で重要な手がかりとされている[1]。だが、前章のような州ごとの動向を捉える限り、とりわけ学校評価にかかわる制度設計に際して、教育アカウンタビリティが唯一の機軸的概念とは言えないことが分かる。認証評価は、あたかもそれに対抗する性質を帯びるかのように、同じく機軸的概念の一つとして位置づけられてきたとも捉えられる。特にNCLB法の施行以来、アカウンタビリティの確保が至上命題とされるかのような風潮の中で、こうしたオルターナティブな動きが何を意味するのか、的確に解明されなければならない。

 しかしながら、従来のアメリカ教育経営・教育行政に関する研究では、認証評価の概念は十分に視野に入れられず、扱われたとしても、せいぜいアカ

ウンタビリティ概念に包含されて論じられる傾向にあった。両者の異同に丁寧な注意が払われることはほとんどなく、学校評価を含む教育改革等の把握・分析において、アカウンタビリティ概念が有する注目度や包含性の高さゆえか、認証評価の概念の方については、事実動向の精細な構造化が進められないままである。

このように問題を捉えれば、認証評価の概念とアカウンタビリティの概念がどのような関係にあるのか、両者相互の作用・変容・効果等をいかに把握できるのか、後者の制度化だけでなく前者の制度化も併存するという事実からは、どういった含意を導きうるのか、等の問題群は、現代アメリカにおける学校評価の可能性を探究する本書にとって重要である。同時に、アカウンタビリティ概念を反省的に再検討する際にも、きわめて有益な示唆を与えるものと思われる。

以上の課題意識に基づきここでは、これまでの分析・検討を基盤としながら、認証評価とアカウンタビリティの両概念がいかなる特質・可能性と課題を有するのか、学校評価の制度設計および教育改革・学校改善の駆動力という観点から考察を加えたい。

(2) アカウンタビリティ概念に関する再確認

アカウンタビリティ概念は、現代社会制度全般の自明性・正統性を批判的に問い直すものとして、20世紀後半以降、特に高い注目を集め続けてきた。教育の領域においても学校・教師の教育上の責任遂行を強く迫る上で重要な意味を持つ[2]。

アメリカでは、とりわけ都市部公立学校の学業成績に厳しい目が向けられる中で、その改善・向上を促すという文脈で、アカウンタビリティが強く要請される。そこには二つの肯定的な捉え直しが見られる。第一に、困難な経済的社会的背景等の要因ゆえに、都市部では学力が伸びないのではなく、それでも全ての児童・生徒が発達可能性を持ち、学力が伸びうるという捉え直しである。第二に、学校教育はそれら諸困難の前に無力なのではなく、十分

第4章　アメリカにおける学校認証評価の現代的展開　163

に力を発揮しうる、あるいは意味がある、という捉え直しである[3]。アカウンタビリティ概念は、これら二つの捉え直しの信念化と結びつきつつ、公衆の教育要求を統合的に提示し、それに対する教育専門家の応答を、結果としての「学力」向上という形で求める、という機能を果たしている。

　このように機能している同概念は、現代のアメリカにおいてどのような特色を示していると捉えられるのであろうか。それは、教育改革の複雑な諸過程を単純な一元的論理に還元する、強い"包括的抽象化機能"を備えている点に見出すことができる。すなわち教育の質的向上を求める社会的諸要求が、いかなる内容を持つものであっても、今ではこの一語に吸収・集約され、「学力」向上という単一の帰結がこの概念を通じて強力に求められる傾向にある。いわば同概念は多様な改革要求、専門家の対応選択、改善の生起機制等を識別しないまま貪欲に飲み込む性質を帯び、そこには責任の主体・内容・対象等が無限に投影されうることになるため、これらを丁寧に識別・解明・確立するという作業が著しく困難となってしまう。

　教育改革や学校改善の駆動力という観点から見れば、ここには二つの問題が見受けられる。一つには、上記捉え直しの裏返しの問題として、様々な背景ゆえの困難を弁解の道具としない代わりに、各校の置かれた個別事情を鑑みる契機が乏しくなり、さらには慎重に扱われるべき条件としての社会的・経済的・文化的差異や不平等の存在、そしてそれらへの配慮・対応等を視野の外に置きかねない。二つには、教育改革・学校改善の過程・メカニズムが、定型的な「セット」として過度に単純化されることである。

　特に後者に関しては、教育哲学者のメイラ・レビンソン（Levinson, M.）の議論が興味深い。彼女は、現代民主制における教育の位置と意義を確定する議論によって、現在、注目を集める論者の一人である。近年の「民主主義・アカウンタビリティ・教育」と題する論考でレビンソンが指摘するのは、現在のアメリカにおける教育アカウンタビリティ概念は、暗黙のうちに狭い意味での「学力」スタンダードの設定、およびそのアセスメントの実施と一体的に取り扱われること（SAA：Standard, Assessment and Accountability）である。そ

して、それが自明視されることによって、教育活動が、1) 信頼志向ではなく管理志向となる、2) 将来のニーズに備えるのではなく現在の「不安」に応ずるものとなる、3) 次世代社会構築に向けて権力関係や文化的不平等を見直すことなく、現世代の公衆の意思表明としての「学力」向上に従属するものになる、等の傾向にあるという。教育は本来、現世代社会を建設的・批判的に発展させるという使命を持つはずなのに、これらの傾向によってその使命が失われかねない現状を、彼女は批判的に捉えるのである[4]。

そもそも同概念の学的系譜の一つである行政学分野をひもとけば、アカウンタビリティは本来、このような広範な概念ではなかったとも考えられる。同概念を包括する上位概念としては、いわゆる行政責任（administrative responsibility）の概念を見いだせる。かつて行政学者の足立忠夫は、行政責任を4つに分解した。①委任者に対して受任者が有する「任務的責任」、②指令者に対して応答者が有する「応答的責任」、③問責者に対して弁明者が有する「弁明的責任」、④制裁者に対して受難者が持つ「受難的責任」である[5]。

アカウンタビリティ概念は、このうち第3のタイプに該当するものとして位置づけうる。すなわち行政官は、委任者たる議会等に対して、事前の取り決め等に従った職務の達成状況について報告し、また、所与の問題に関連して裁量内で採用した選択肢が「情況の要求」に即したものであったことを、合理的に説明・証明することが求められるのである[6]。元々、「説明：account」という語義を内包する同概念は、幅広い責任全般のうち、特定の局面へ部分的に焦点化するものであったと捉えうる。

にもかかわらず、今では上記のように教育改革を駆動するための広範な概念になっている。前述の信念化との結びつきや、統合性・包括性ゆえにこそ、アカウンタビリティ概念は、学力向上を掲げて教育者の自覚的改善を強く求めることができる。その反面、先に少し触れたように、彼らの統御下にある要素/ない要素を厳密に判別せず、包括的責任を追及するための概念と化して際限ない努力を求めることになり、彼らを追い詰めるような性質を帯び始めている。アメリカのみならず、わが国の教育学の研究動向や理論的動向も、

こうした傾向を十分に解きほぐして捉えることなく、無批判・無前提のうちにアカウンタビリティ概念へ依拠する傾向が見受けられ、事態に拍車をかけかねない。同概念によって、このような問題が生み出されていると考えられるのである[7]。

(3) 認証評価（アクレディテーション）の概念

これに対して認証評価の概念はいかなる特質・可能性と課題を持つものであろうか。上で検討したアカウンタビリティ概念との対比に基づいて考察を進めたい。

考察の前提として、アカウンタビリティ概念と認証評価概念が共有する基本的枠組を最も単純な形で抽出してみれば、どちらも教育専門家の活動に対する一定の姿勢を出発点として、何らかの目的と基準を設定した上で、当該活動やその結果としての「学力」に対する評価を行い、評価結果を受けて何らかの措置・対策を講じる、という形に表せる。こうした前提・評価・措置の一連の流れを共有し、その中に性質を異にする要素が散見されるものとして、両者は捉えられる。学校評価を主題とする本稿の立場からすれば、特に評価の原理や手法等の違いに着目する必要がある。

以上を踏まえて、本書全体の記述・分析から改めて検討した場合、認証評価の概念の特質は、今日的アカウンタビリティの概念との対比を通じて、基本的性質、評価の基準、原理、手法、結果の5つの観点に従い、次のようにまとめられる（表4-1-1）。

第一に、現在のアカウンタビリティ概念の場合、例えば教育者の自由の濫用やインセンティブの欠如に対する疑惑の念が色濃い前提とされることも少なくない[8]。他方、認証評価では、アカウンタビリティに比して、専門家への一定の信頼、あるいは専門家自身の自律的な反省意識を前提としている。こうした前提から出発して、その本来の語幹が持つ「認証する（accredit）」の意や、また内包する「信用（credit）」の語から導かれる形で、これら専門家の活動に対する公認・信用付与を目指す。そこでは教育活動の過程が適切

1. 認証評価の概念とアカウンタビリティの概念

表 4-1-1　アカウンタビリティと認証評価の概念の相違

		アカウンタビリティ （accountability；2002〜）	認証評価 （accreditation）
基本性質	語幹	account；弁明する、count；計算	accredit；認証する、credit；信用
	中核的属性	責任、妥当な結果、 道具的合理性	公認、適切な過程、 対話的合理性
	前提	専門家への不信・不安	専門家（自律）への信頼
評価基準	設定基準	単純化・標準化「学力」の最低限	複雑化・段階別達成度を提示
	基準の主眼	「不適格」校の選別（＋排除）	具体的改善ステップの明示
	基準の内容	結果としての「学力」	過程としての教授学習、 組織・経営
評価原理	評価の方向性	公衆への普及（一般性、外在化）	専門家による改善 （専門性・内在化）
	評価の主眼	監視・管理（audit, oversight）	吟味・保証（examine, assure）
	評価項目・尺度	統合・一元化	分解・個別化
評価手法	自己評価	不要・軽視	必要・重視
	訪問評価	不要・軽視	必要・重視
	個別条件	捨象する傾向	可能な限り考慮する
評価結果	結果注目度	高	中〜低
	結果公表の意味	「低学力校」の可視化	各校の改善努力の可視化
	改善期待	包括的に各校へ委任	具体的操作・ 変更可能事項を指示

出典：山下作成

　だったかどうかという点や、評価者−被評価者間の相互対話が重視される。アカウンタビリティの場合には、妥当な結果が得られたか否かについて責任追及を行い、合理的計算が可能かどうかの弁明を求める。

　第二に、評価の基準について、アカウンタビリティの場合、標準化された「学力」テストで最低限の点数を上回ることが必要とされることが多い。国際的経済競争力への要求や不安を基盤に、州の境界も超えた比較可能性が模索され、望ましい「学力」を産出できない「不適格」校の選別が目指される[9]。これに対して認証評価の場合、評価基準は学校改善の諸側面・過程に即して多層的・段階的に設定され、具体的改善ステップの明示が目指される。そこ

第4章　アメリカにおける学校認証評価の現代的展開　167

では、結果のみならずそれを生み出す教授−学習過程、組織構造や運営過程等の側面を多角的に評価しうる工夫を見て取ることができた。

　第三に、評価の原理を捉えてみると、アカウンタビリティの場合には、学校に対する監視・管理を主眼としながら、「学力」テストに象徴されるように、評価尺度を一元化して、広く公衆の興味・関心を満たす評価となりやすい。認証評価の場合には、教育活動や学校経営の質を丁寧に吟味し、それを公的に保証することを主眼として、専門家自身の改善を促すような評価を志向している。当然、専門的事項を含んだ個別項目で評価を行い、尺度の分解・多元化を図っている。

　第四に、評価手法という点では、認証評価の場合には上記の特色を反映する形で、各校の専門家の自己評価を必要としており、いわゆる同業者（他校・他地域の教育専門家）によるピアレビューを重視している。また、評価作業の中では、各校の置かれた個別条件・地域文脈等への配慮もなされる。アカウンタビリティ概念の場合には、標準化された「学力」テスト結果に関心が集約されることも多く、認証評価とは逆の方向性を示す。

　第五に、評価の結果がどのように扱われるかという点では、アカウンタビリティ概念を通じた評価の場合、「学力」の高低というわかりやすい指標によって公衆の注目を集めやすく、「低学力校」をあぶり出すような機能を果たしうる。他方で、その向上を目指した改善努力のあり方が具体的に示されることはなく、全て各校に委ねられる。認証評価の場合には、多元的な指標・尺度の下での結果が示されるため、それらを統合した単一指標や評語を用いる努力はされるものの、公衆への訴求度はさほど高くない。ただ、評価結果を適切に吟味すれば、各校の改善努力の足跡と現段階が可視化され、具体的に各校が操作・変更可能な事柄を浮かび上がらせる機能を果たしうる。

　以上、ここでの作業は、理論的検討を深めるための地ならしを試みるという問題意識に立って、あくまで、ある種の理念型を導出したに過ぎない。したがって、実態としてはアカウンタビリティと認証評価のそれぞれの間に位置づくような制度化もありうることはもちろん、概念探究上ないし理論開発

上の論点としては、第三の概念の登場も想定しなければならない。

また、ここでは概念レベルでの検討を試みたため、州教育委員会（教育庁）と地域協会とがそれぞれ準備する認証評価制度の具体的相違についてまでは言及できていない。あえて付言するならば、州教委による認証評価の場合、州ごとの多様性を見せながらも上述のアカウンタビリティの性質を含んだ、いわば両概念の中間に当たるような、あるいはどちらか一方への偏りも含む制度生成になっているものと推測される。

しかしながら、以上のように二つの理念型を導出してみれば、改めて認証評価概念の有する意義が、アカウンタビリティ概念の問題点との対比の下で浮かび上がる。すなわち、州主導にせよ地域協会主導にせよ、実際に学校教育を担う教員らが、各学校や地域の枠を越えて教育専門家の集団を形成し、その集団が有する自律性に基づき、専門的経験・知識の蓄積・集約・共有化を活かしながら、各校の教育の諸過程に対して丁寧な評価・支援を行う——これこそが、認証評価概念で重視されるものである。そして同概念は、各校の活動の結果というより内容や過程が社会からの信頼に値する、といった公認を与えるような評価実践を導くものでもある。今日のアメリカにおけるアカウンタビリティ概念は、標準化された「学力」テストの点数の高低のみで各校を査定し、「断罪」しかねない。各校への丁寧な評価・支援、そして内容・過程の公認を目指す認証評価概念は、こうした状況の弊害を乗り越える潜在力を持つ概念として、位置づけることができる。

(4) 認証評価の概念をめぐる課題

既に述べたように、教育におけるアカウンタビリティ概念は、学校に対する様々な要求や対応のあり方を幅広く包含する力を持つ。ゆえに、人々の不安・不満・批判意識への訴求力が強く、改革の気運を高める威力がある。その限りで、たとえ表面的にではあれ、「再帰的近代化」の中で学校へ向けられる不安・不信に応えるものとも言える[10]。

とはいえ、その応答性要求は、改革や改善を性急に求める衝動によっての

み構成されるとも言える。何によって達成が認められると言えるのか、その内容の吟味は不明瞭なまま残される。アカウンタビリティ概念が社会制度の正統性欠損と関連することは確かであろうが、その欠損を埋め合わせるだけの内容に帰着するか否かの保証はないのである。そもそも現代的行政責任論の課題は、村松岐夫が指摘したように、仮に「本人−代理人」関係として分析できたとしても、肝心の「本人（＝公衆）の意思が不明確である」ことから出発するものであり[11]、アカウンタビリティ概念自体に、本人意思の明確化等、この難しさを解消する契機を見いだすことは難しい。そのため、永遠に埋めようのない正統性＝本人の意思を埋め続けようとする無限運動に行き着きかねない。

　さらに教育をめぐる評価−責任論には、考慮すべき重要な固有の課題が残る。先に触れたレビンソンが主題化するように、教育は民主制社会の下（within）で行われると同時に、それを次世代に向けて発展的・建設的に再構成する側面（for）をも持つ。したがって、現世代の意思の反映や、彼らからの評価への充足・従属を実現した（「民意の反映」）としても、そのことによって、かえって様々な社会的諸問題を次世代へ引き渡したり、悪化させたりするだけに終わるならば、十全な社会的役割・使命の達成につながらない[12]。学校という社会制度における教育の責務に対する評価、すなわち、学校評価の的確な遂行のためには、少なくとも以上の諸課題を乗り越えていく必要がある。

　では、認証評価の概念はアカウンタビリティ概念に代わり、こうした課題を越えて中心的概念の座につくかと問えば、それは難しいとも思われる。確かに、専門家による詳細な評価を現世代の公衆による評価よりも優先させることによって、教育の社会的役割・使命の形骸化は避けられうる。その意義は大きい。他方で、評価結果への社会的注目度は決して高くなく、また訴求力も弱い。

　総じて、同概念には「公認」の源泉たるべき公衆の意識といかなる関係を取り結ぶのか、そこにどのように働きかけ、あるいは働きかけられるのか、

といった契機は、十分に組み込まれているとは言えない。だが、専門家による学校の職責への評価・ピアレビューが適切な形で公衆に伝わり、理解・合意・共有されるならば、不明確な「本人の意思」が補われうる。認証評価が教育改革においてさらなる重要概念としての役割を担うには、前述の教育−社会間の関係調整の観点から公衆と教育専門家との相互作用・相互変容を的確に構造化する形で、さらに練り上げられるべき余地があると言える。ここに概念的考察から捉えた場合の課題の一端が見いだせる。

(4章1 山下晃一)

2. 学校認証評価の現代的動向

アメリカにおける学校認証評価の仕組みは、19世紀末、義務教育制度の定着に続くハイスクールおよび高等教育機関の発展に対応して、地域ごとに立ち上げられた。それはハイスクールを主対象とする、各学校任意の性質をもって形成・発展した。6つの地域協会は、1932年に共同で全米学校評価研究所（the National Study of School Evaluation：NSSE）を設立して基準に基づく認定を行うための共通の評価基準開発に取り組み、1940年の初版を端緒に、1990年の第6版まで、「評価のための規準(Evaluation Criteria)」を作成してきた。

各地域協会は当初、高等教育機関とハイスクールの認証評価をともに行う組織になっていたが、1950年代〜1970年代の間にそれぞれ組織改編を行い、初等中等教育段階の学校認証評価が高等教育機関のそれとは区別されて実施される過程をたどった[13]。その過程は、1970年頃を画期として学校認証評価にいくつかの変容があったことを示している。第1章の小括で提示した図1-3-1には、そうした変容がわかりやすく表されている。

1970年頃までの学校認証評価は、施設設備、教材教具、図書館蔵書数、有資格職員の数、財政状況など、各学校のインプット条件の有無を問うものであった。しかし、例えば北中部協会では1965年から、「条件付認定」など、認証評価に一定の幅を設けて7年周期での改善を指向する変更がなされるな

ど[14]、単なる基準充足の有無に止まらない考え方がとられるようになった。その背景に、公教育におけるアカウンタビリティへの関心の高揚があることは疑いない。ここにおいて、ハイスクールと高等教育のアーティキュレーションの確保とは異なる文脈で学校認証評価を捉える指向性が高まったと考えられる。NSSE が開発した全米共通の学校評価基準枠組みを土台とし、州を超えた地域協会による学校認証評価を受けることをもってアカウンタビリティの要求に対応しようとする地方学区あるいは公立学校が増えていったと考えられる。以後、大学進学には直結しない前期中等学校や初等学校でも学校認証評価を受ける例が増していった。

　1990 年代末以降、州によっては強力なアカウンタビリティ制度が導入され、2002 年に No Child Left Behind（NCLB）法が施行される。以後、各学区・学校は、年度単位の十分な改善（Adequate Yearly Progress：AYP）を示す継続的な努力を要求されていく。そうして、インプット条件の充足ではなく、学力において明確なアウトカムを示すことと、それを保障する組織プロセス条件に高い関心が注がれることになった。他方、1970 年代以降の効果的な学校に関する研究とそれに続く 1980 年代以降の学校改善研究やリーダーシップ研究は、組織プロセス条件への関心に研究的な基盤をもたらすことになった。

　こうして、「アカウンタビリティの時代」、とりわけ学業達成度に焦点づけてその継続的な改善が制度的・社会的に公立学校に要求される時代へ移行する中で、学校認証評価の焦点はアウトカムおよび組織プロセス条件へと移行し、しかも初等中等学校の間にも広く受け入れられていったといえよう。その際、州によっては、州としての学校認証評価制度を設けてアカウンタビリティと学校改善への要求に対応するという動きも見いだすことができた。また、もともと州による学校認証評価が制度化されていたところでは、地域協会による認証評価と州による認証評価の性質の色分けがより明確になったとみられる動きもある。そして、元来異なる出自をもっていた学校認証評価とアカウンタビリティ制度が州の公教育制度の中で一体化したとみられる動向も明らかになった。

2. 学校認証評価の現代的動向

われわれが本格的な調査に着手したのは2009年4月以降で、その当時は北中部協会（対象は19州）と南部協会（対象は11州）およびNSSEを統合して2006年に新設されたとされるAdvancEDのねらいや活動内容を十分に掴みかねるところが多かった。同機関の当初の活動内容に関する情報を得た段階では、AdvancEDが両協会と共同研究所を合併して生まれた新しい「学校認証評価機関」だと理解したのだが、その後の調査を通じて、そうではないことが判明してきた。

端的に言えば、AdvancEDは認証評価を重要なツールとして学校改善（school improvement）への取り組みを広く普及させ、活用可能なツールやデータベース等[15]を開発して加盟する機関に提供しようとする組織である。それは、従来の学校認証評価協会がアメリカ国内における6つの地域内部の加盟校関係者による相互評価組織という性質を維持していたこととは対照的に、2012年には北西部協会をも統合し、広く国境を越えてグローバルに活動を展開している[16]。

ただし、留意すべきは、以上のように公立初等中等学校の学校改善につなげて学校認証評価を捉える動きが、アメリカ国内に限ってもすべての州で一般化しているわけではないということである。われわれが2012年9月時点で行ったインタビュー調査によると、AdvancEDから距離を置いている3つの地域協会では、協会事務局担当者でさえも、必ずしもそのような認識を明確にもっているとは言えない。

このように考えると、われわれが「学校認証評価」と一括して捉えようとしてきた"school accreditation"という言葉は、その内実において分岐しつつある。従来からの地域協会による任意の学校認証評価、州政府が学区や学校に義務として課す認証評価、そして「継続的な学校改善（continuous school improvement）」をグローバルスタンダードと捉えてそのツールに位置づけられた学校認証評価、という異なる指向性を認めることができる。

3. 学校の評価と責任をめぐって

　アメリカにおける学校認証評価は、100年を超える歴史的展開を経て、6つの地域協会ごとの独自性をもちながらも次の共通特徴を形成した。第一は、学校単位による任意の会費制で地域協会を形成していることである。各協会は合衆国政府から承認（recognition）を受けるが、州政府からは独立性を保持する。第二は、認証のための評価行為が、同一協会に加盟する他の学校（または学区教育委員会）の教育専門家による学校訪問評価を伴うことである。つまり、外部の同業者による評価（peer review）が基本的要素とされる。評価を受ける学校やその地域とは関係をもたないという点で「第三者」でありながらも、教育実践・学校経営・教育行政に関わる「教育専門家」が自律性をもって評価しあう。第三は、外部者による訪問評価は単年度ではなく数年周期で実施され、その間における各学校での自己評価プロセスが重視されることである。第四は、1970年代以降、アカウンタビリティ概念が重要な影響力を及ぼし、学校改善につながる評価が強調されるようになったことである。評価基準に組織プロセス条件が組み込まれて自己評価プロセスの重要性が強調されてきたのはこれに連動している。

　他方、6つの地域協会共同の研究所として共通基準を10年ごとに改定していたNSSEは、1990年版を最後に基準の改定をおこなっていない。NSSEは2006年にAdvancEDに統合された時点で「消滅」したと言ってよい。最後の基準改定から消滅までの15年ほどの期間に、おそらく学校認証評価のあり方をめぐって北中部協会と南部協会の運営関係者の間で何らかの議論が進められたものと推測される。言うまでもなく、それはアカウンタビリティ制度が各州で強固に形成され、初等中等学校の学校改善に対するプレッシャーが高まった時期と重なる。

　アカウンタビリティ制度の中の評価にせよ、認証評価にせよ、「評価」という行為自体に「学校改善」が内在するわけではない。AdvancEDはそのことを自覚的に捉え、学校「改善」を主軸にして地域協会の境界区分のみなら

ず国境をも越えた活動を積極的に展開しているとみられる。地方学区を単位とする学区認証評価の試みは、第1章2(2)で紹介したジョージア州バロー郡学区の例にもあるように、学区による学校改善支援の取り組みを促進する可能性をもつ。これは、公教育アカウンタビリティのそもそもの主体たる地方学区に対して、管轄学校の現状診断・評価を促すとともに、教育活動の改善に向けた支援や関係当事者による参加・協働を助長する側面を表している。とは言うものの、「教育長をはじめとする当事者に主体的な学校改善への自覚や戦略がある場合には」という但し書きをつけておく必要がある。

「学校評価」という言葉をもってアメリカの動向を捉えようとするとき、ともすると、近年の教育改革を特徴づける巨大なキーワードと化した「アカウンタビリティ」、しかも前項で指摘した包括性を帯びたそれを機軸に捉えてしまう傾向にある。だが、「認証評価」の歴史展開に内在されていた要素と、「アカウンタビリティ」の元来の意味を対比的に捉えた場合、それらを単純に一括りにしてしまうことには慎重であるべきである。

先掲のバロー郡の事例にあったように、認証評価に組み込まれた自己評価に主体的に取り組む学区・学校においては、そのプロセスに様々な関係当事者が参画し、学校の現状を多様な角度や立場から見直している。第3章3(1)で具体的事例を紹介したように、州アカウンタビリティ制度がある学校に最低水準の評定（grading）を下した場合であっても、当該校の認証評価プロセスに参加した保護者をはじめとする当事者にとっては「すばらしい学校だ」と思えるケースがありうる。アカウンタビリティ制度が学力を中心とするアウトカムに焦点づけられた「スナップ・ショット」の提示にとどまるのに対して、認証評価は関係当事者どうしが学校全体（the entire school）を見直すプロセスをもたらす可能性を有する。だからこそ、アカウンタビリティと認証評価とを区別して捉える必要がある。それは、前項でのアカウンタビリティ概念と認証評価概念の検討からも明らかだといえよう。

AdvancEDに象徴される、「認証評価」「アカウンタビリティ」「学校改善」を結合させようとする動きが、今後どのような展開をみせるのかは予断を許

さない。おそらく同機関はこれらの要素を一体的に捉え、改善ツールを「セット」として提供することで学区・学校のニーズを喚起し加盟校の拡大を図ろうとしている。しかし、われわれが実施した現地調査の印象では、各「現場」で「認証評価」に取り組んでいる人々の志向性や活動の実態は、依然として従来からの地域協会によって引き継がれてきた、任意的で自律的な改善あるいはその支援に重心を置いていると受けとめられる。

4. 日本の学校評価システムについての示唆 ——むすびにかえて

　われわれの調査目的は、何よりも第一に、アメリカの学校認証評価の最新動向を掴むことにあった。他国を対象とした調査・考察から直接的に日本への示唆を論じることには禁欲的であるべきだと思う。だが、日本の学校評価は制度としても実践としても、大きな動きを求められる時期にあり、その際の議論の題材としてアメリカにおける動向は一定の意味をもつものと思われる。そこで、これまでの議論をもとに、日本においても論点とされるべきことを敢えて提示して、むすびにかえたい。

　第一は、現行の学校評価が、教育委員会による支援施策とのリンクを脆弱にしたまま、単位学校の義務および努力義務として制度化されていることの問題性である。序章に挙げた『学校評価ガイドライン』の中の学校評価の目的③に示されている、自己評価結果の設置者への報告が有するはずの学校改善支援という事項は、現実には多くの学校や教職員にとって実感しにくいものとなっている。これはアカウンタビリティの文脈から単位学校の責任を明示するという制度趣旨といえるだろうが、前項で指摘した「統御下にある要素／ない要素」の判別という観点からみると、「ない要素」が多すぎる現実を否定できない。本来的には行政機関である教育委員会自身がアカウンタビリティを問われるべきなのだが、報告を受ける教育委員会自身にもやはり「統御下にない要素」が多い。いずれにしても、「学校」のアカウンタビリティを追求する仕組みをとりながらも、学校の当事者にとって現実味が薄いと言

わざるを得ない。

　第二は、学校評価の目的の①と②において、単位学校のアカウンタビリティを問うと同時に、改善のための保護者・住民等の参加・協力の推進を学校に要請していることの問題性である。ここには、アメリカにおけるアカウンタビリティと認証評価にみられた異質な要素が区別されずに包み込まれているように思われる。自己評価の実施と結果公表の義務、ならびに学校関係者評価の実施と結果公表の努力義務、というアカウンタビリティの文脈と、学校を改善するために関係者が主体的に参加・協力するという文脈を一体的に語るという今日的な政策動向は、むしろ学校現場において、必ずしも整合的に受けとめられないのではないだろうか。前項で紹介したレビンソン(Levinson, M.)の所論はこのことを考える上で示唆的である。アカウンタビリティの評価は信頼志向ではなく管理志向になりがちだが、学校の教育活動を主体的に改善するには相互信頼や創造性が不可欠である。これら異質な要素が識別困難な状態で一つの制度に埋め込まれ、実践の当事者へと「降ろされていく」傾向に対して、冷静な態度が必要だと思われる。

　第三は、評価を学校改善につなげるうえで、教育専門家による自律性と相互交流、およびイニシアティブの意義を考慮する必要性である。日本の学校評価システムにはない、アメリカの学校認証評価の特徴として、教育専門家による相互的評価とそこから導かれる最新実践情報の相互交流がある。もともと評価という行為自体には改善への駆動力があるわけではないが、そうした中でも学校改善につながる認証評価の意義が意識されるようになった要因のひとつは、そこにあるように思われる。アメリカでの聴き取り調査でも、評価チームメンバーとして他校の訪問評価に携わる経験が、教育専門家である自らの学校改善の取り組みにとって有効性をもつと語られた。日本では第三者評価の試みも行われており、その意義づけにおいて「客観性」よりも「専門性」に重心が置かれている。しかし、改善にイニシアティブを発揮すべき教育専門家の同業者評価がもつ、教員自身の自律性と相互交流性といった意義については十分な関心が向けられていない。アメリカの学校認証評価の歴

史と動向を踏まえると、この点について検討していく余地があるのではないだろうか。

(4章2・3・4　浜田博文)

[注]
1　Anderson, J, A. *Accountability in Education,* International Institute for Educational Planning and International Academy of Education, UNESCO, 2005. カナダやオーストラリアを対象とする邦文研究例としては、平田淳「『教育におけるアカウンタビリティ』概念の構造と構成要素に関する一考察」『弘前大学教育学部紀要』第100号、2008年、89-98頁、佐藤博志『オーストラリア学校経営改革の研究―自律的学校経営とアカウンタビリティ―』東信堂、2009年、等。
2　黒崎勲『教育行政学』岩波書店、1999年、149頁以下、木岡一明『学校評価の「問題」を読み解く ―学校の潜在力の解発―』教育出版、2004年、7-8頁、等。
3　浜田博文編著『学校を変える新しい力 ―教師のエンパワーメントとスクールリーダーシップ―』小学館、2012年、71-78頁。
4　Levinson, M., "Democracy, Accountability, and Education", *Theory and Research in Education*, 9 (2), 2011, pp.125-144.
5　足立忠夫「責任論と行政学」辻清明他編『行政の理論（行政学講座第1巻）』東京大学出版会、1976年、226-227頁。
6　村松岐夫『行政学教科書』有斐閣、1999年，249頁。
7　同概念の"誤用"については本書第3章3.(4)、参照。
8　例えば、アメリカの教育界で近年論争を巻き起こしたドキュメンタリー映画『Waiting for "Superman"』では、"テニュア獲得後の誘因がない中では教師は職責を果たさないのでは"との通説的懸念が、学校内部の隠し撮りや大都市での教員再研修の様子等、ごく一部の映像を繰り返し提示する手法で具現化されている。これらの問題点について、Swalwell, K. and Apple, M.W. "Starting the Wrong Conversations: The Public School Crisis and 'Waiting for Superman'", *Educational Policy*, 25 (2), 2011, pp.368-382, を参照のこと。なお、同映画は書籍版としても刊行されている。Weber, K. (ed.) *Waiting for 'Superman' How We Can Save America's Failing Public Schools*, Public Affairs, 2010.
9　この間の事情については、北野秋男『日米のテスト戦略 ―ハイステイクス・テスト導入の経緯と実態―』風間書房、2011年、北野秋男編著『現代アメリカの教育アセスメント行政の展開 ―マサチューセッツ州（MCASテスト）を中心に―』東信堂、2009年、に詳しい。
10　かつてならば「人やシステムを頼りにすることができるという確信」を持つことができたが、今では人々は「自らの生活に関連する情報を精査して、そのフィルタリングの結果に基づいて行為」しなければならない。様々なリスクが個人の選択結果・責任として「個人化」されてしまい、「確信できるもの」や「集合的意味供給源」

が欠如したままで、リスク等に対処せざるを得ないという不安を抱える。宇野重規・田村哲樹・山崎望『デモクラシーの擁護 ―再帰化する現代社会で―』ナカニシヤ出版、2011年、7-19頁。
11 村松、前掲書、248頁。
12 Levinson, op.cit., pp.135-139.
13 浜田博文・竺沙知章・山下晃一・大野裕己・照屋翔大「現代アメリカにおける初等中等学校の認証評価（accreditation）の動向と特徴」、日本教育経営学会第50回大会発表資料、2010年6月5日、静岡大学、を参照。
14 中留武昭『アメリカの学校評価に関する理論的・実証的研究』第一法規、1994年、37頁。
15 ASSIST（Adaptive System of School Improvement Support Tools：学校改善支援ツールの適応システム）はその代表的なツールである（浜田博文・竺沙知章・山下晃一・大野裕己・照屋翔大「現代アメリカの初等中等学校の認証評価の動向と特徴」、日本教育経営学会第50回大会自由研究発表資料、於静岡大学、2010年6月5日）。http://www.advanc-ed.org/webfm_send/324（最終確認日：2012年6月7日）
16 現在、アメリカ合衆国のみならず70以上の国々にわたり、公立・私立あわせて3万校以上の学校を対象にしたサービスを展開しているとされている。http://www.advanc-ed.org/company-overview（最終確認日：2013年9月4日）

あとがき

　すべてのことが慌ただしく過ぎてゆく師走になって、ようやく本書のゲラが出そろい、いよいよ刊行までカウントダウンという段階に漕ぎ着けた。
　アメリカで長い歴史を築いてきた school accreditation が大きく変化しようとしている。そんな情報を掴んで、日本学術振興会科学研究費補助金（海外学術調査）の申請書を作成したのは 2008 年の秋であった。補助金の交付が決定して、本格的に調査にとりかかったものの、文字通りの手探り状態が続いた。5 人の共同研究者が互いに課題を分担して調査を進め、データを持ち寄って自由に議論する場は、新たな発見に触れる貴重な学びの機会だった。2010 年から 2012 年までの 3 年間にわたって日本教育経営学会の大会で続けた研究発表は、毎回新鮮な知的興奮を味わわせてくれた。
　だが、あらためて本書の全体を通読してみると、やはり不十分なところばかりが気になってしまう。研究成果を公刊する度毎に達成感とともに必ずつきまとってきた不満足感は、今回も残っている。しかし、本書に書き表した内容が現時点でのわれわれの到達点である。できるだけ多くの方々にお読みいただき、率直なご批判を頂戴するしかない。幅広い視点からご指摘をいただけるとありがたい。
　ここで、どうしても名前を挙げておきたい研究者がいる。2011 年 9 月 7 日に勤務先の京都大学の研究室で逝去された故・金子勉さんである。金子さんは日本教育経営学会の会員ではなかったそうだが、2010 年と 2011 年のわれわれの研究発表を熱心に聴いてくれた。そして部会が終了した後に必ず、穏やかな笑みを浮かべて鋭い疑問をなげかけてくれた。「彼から出された疑問にどう応えるか」が、われわれにとって大きな動機付けとなった。だから、2012 年の最終回の発表を彼に聴いてもらうことができなかったのはとても

残念だった。こうして本書をまとめることができたのは、彼のアドバイスがあったからこそである。この場を借りて心から感謝し、ご冥福をお祈りしたい。

　本書は平成25年度日本学術振興会科学研究費補助金・研究成果公開促進費（学術図書）の交付を受けて公刊されるものである。刊行を引き受けてくださった東信堂の下田勝司社長には、ほんとうにお世話になった。ここに記して感謝したい。

2013年12月

浜田博文

執筆者紹介（執筆順、○印編著者）

○**浜田博文**（はまだ ひろふみ）　筑波大学人間系教授
　奥付「編著者紹介」参照。

照屋翔大（てるや しょうた）　愛知東邦大学人間学部助教
　1982 年生
　筑波大学大学院人間総合科学研究科(博士後期課程)単位取得満期退学　修士(教育学)
　専攻：学校経営学
　主要著書・論文
　「1980〜1990 年代アメリカにおける地方学区教育長のリーダーシップ─『協働者(collaborator)』という役割志向とその内容分析」『教育学論集』第 5 集(筑波大学大学院人間総合科学研究科教育基礎学専攻編、pp.47-66、2009 年)、「アメリカにおける学区を単位とした認証評価(accreditation)の研究─AdvancED の「学区認証評価」を中心に─」『日本教育行政学会年報』第 37 号(日本教育行政学会編、pp.118-134、2011 年)、『学校を変える新しい力─教師のエンパワーメントとスクールリーダーシップ』(浜田博文編著、小学館、2012 年)、『教育学の探究─教師の専門的思索のために』(佐藤博志編著、川島書店、2013 年)

大野裕己（おおの やすき）　兵庫教育大学大学院学校教育研究科准教授
　1973 年生
　九州大学大学院人間環境学研究科博士後期課程修了　博士(教育学)
　専攻：学校経営学・教育制度学
　主要著書・論文
　『教育のための法学』(篠原清昭編著、ミネルヴァ書房、2013 年)、『学校改善マネジメント』(篠原清昭編著、ミネルヴァ書房、2012 年)、「教員資格・養成・研修制度における社会的応答性再構築の課題─ペンシルベニア州の事例検討を中心に」『教育制度学研究』第 19 号(日本教育制度学会編、pp.165-169、2012 年)、「アメリカにおける企業との連携を通じた学校改革に関する考察」

『教育学論集』29号(大阪教育大学教育学教室、pp.1-14、2001年)

山下晃一(やました こういち)　神戸大学大学院人間発達環境学研究科准教授
1970年生
京都大学大学院教育学研究科修了　博士(教育学)
専攻：教育行政学・教育制度学
主要著書・論文
『学校評議会制度における政策決定―現代アメリカ教育改革・シカゴの試み』(多賀出版、2002年)、『学校と大学のガバナンス改革』(日本教育行政学会研究推進委員会編、教育開発研究所、2009年)、『現代教育制度改革への提言(下)』(日本教育制度学会編、東信堂、2013年)

竺沙知章(ちくさ ともあき)　京都教育大学大学院連合教職実践研究科教授
1962年生
京都大学大学院教育学研究科修了　博士(教育学)
専攻：教育行政学・教育財政学
主要著書・論文
『公教育経営の展開』(堀内孜編、東京書籍、2011年)、『地方政治と教育行財政改革―転換期の変容をどう見るか』(日本教育行政学会研究推進委員会編、福村出版、2012年)、「学校管理職選考の現状と課題」『日本教育行政学会年報』第38号(日本教育行政学会編、pp.19-34、2012年)

索 引

〔英数字〕

AdvancED　　　7, 12, 14-17, 33, 36, 44, 47-51, 53-58, 61, 63, 65-76, 78-80, 88, 115, 116, 119, 120, 122-124, 127-130, 148-154, 160, 172-174

ASSIST（Adaptive System of School Improvement Support Tools）　　70-71

AYP（Adequate Yearly Progress）　　91, 126, 138, 140, 171

Education YES　　112, 131, 133, 138

GAPSS（Georgia Assessment of Performance on School Standards）　　126-128, 156

MI-SAAS（Michigan School Accountability and Accreditation System）　　138-139, 142-144

NCA CASI　　31-34, 65, 66, 79-80

NCLB（No Child Left Behind）　　33, 57, 114, 115, 125, 130, 138, 147, 148, 150, 171

NSSE（National Study of School Evaluation）　　11, 12, 18, 19, 33, 65, 80, 83, 87, 88, 170-173

PLC（Professional Learning Community）　　72, 74, 81

SACS CASI　　33, 35, 36, 50, 65, 66, 72, 79-80, 127, 129

SSAS（Single Statewide Accountability System）　　106, 125, 130

〔ア行〕

アカウンタビリティ　　8-10, 14-17, 33, 55-58, 90, 112-117, 138, 144, 148-149, 159, 161-169, 171, 173-177

アラスカ州　　112

イノベーション　　66-67

インプット条件　　49, 55, 147, 170, 171

インプット評価　　16

〔カ行〕

外部評価　　5, 58, 68, 69, 85, 132

学力テスト　　8, 114, 115, 130-132, 135, 138-142, 145, 146

学区教育委員会　　8, 9, 51, 58, 75, 77-79, 114, 115, 118, 120, 131, 139, 147, 152, 154, 173

学区認証評価（district accreditation）　　9, 17, 50, 58, 64, 67, 74-76, 78, 79, 82, 118, 119, 122, 124, 125, 127, 128, 150, 155

学校改善（school improvement）　　4-6, 8, 9, 11, 14, 15, 26, 32, 34, 42, 48-58, 65, 69-71, 74, 78-80, 91, 112-116, 124, 126-135, 137, 147, 149, 150, 152, 153, 162, 163, 166, 171-176

学校経営　　5, 129, 130, 133, 137, 167, 173

学校認証評価（school accreditation） 6-11, 20, 32, 33, 36, 37, 39, 45, 47, 48, 53, 54, 57, 58, 65, 68, 70, 74, 75, 79, 80, 84, 88, 115-117, 119-121, 125, 127, 131, 132, 137, 138, 147, 149, 150, 152-154, 161, 170-175
学校評価 3-6, 8, 31, 32, 33, 84, 85, 133, 135, 136, 138, 146, 147, 161, 162, 165, 169, 171, 174-178
学校マネジメント 69
学校を基礎単位とした教育経営（School-Based Management：SBM） 113
カンザス州 90, 91, 98
教育アカウンタビリティ制度 14, 15, 17, 29, 85, 88, 89-112, 113-117, 119-121, 125, 126, 128-131, 133, 137-153
教育行政 15, 33, 58, 129, 161, 173
継続的（な）改善 3, 5, 35, 50, 66, 67, 69, 74, 75, 76, 78, 144, 148, 171
コミッション 21-28, 31, 32, 33, 35-38, 40, 53, 65, 87

〔サ行〕

再帰的近代化 168
自己評価 3, 5, 6, 11, 23, 27, 28, 32, 40, 42, 47, 50, 51, 53, 54, 58, 67-70, 75, 77, 85-87, 112, 116, 119, 120, 132, 133, 135, 137, 151-153, 166, 167, 173-176
自己評価・計画プロトコル 27
質保証 4, 12, 67, 68, 75-77, 80
州教育局 9, 19, 38, 72, 85, 88, 113, 127-131, 133, 137-140, 142, 143, 145, 152
州（主導）の認証評価 85, 86, 89, 120-122
ジョージア州 35, 50, 53, 64, 71, 79, 89, 125-129, 152, 153, 174

初等学校 21-24, 26, 31, 32, 46, 53, 59, 63, 86, 112, 122, 171
自律 21, 26, 54, 87, 131, 165, 166, 168, 173, 175-176
スタンダード（基準） 31-34, 67, 76, 133, 134, 163, 172
正統性（正当性） 112, 132, 157, 162, 169
西部協会（Western Association of Schools and Colleges：WASC） 7, 37, 44, 48, 53, 62, 88, 110
西部協会における認証評価基準 46
セルフ・スタディ 21-23, 26, 27, 29
専門家 42, 52, 53, 58, 87, 144-146, 151-153, 163, 165- 170, 173, 176
専門職としての学び
（Professional Learning） 66-67, 73

〔タ行〕

第三者評価 3-5, 8, 16, 53, 75, 77, 176
地域協会の認証評価 29, 86-89, 154
中等学校 6, 8-13, 20, 21, 26, 28, 30, 31, 32, 36, 37, 42-47, 59, 63, 87, 88, 121, 157, 171-173
テキサス州 91
同業者による評価（peer review） 12, 42, 53, 153, 173
デュフォー（Dufour, R.） 72, 81

〔ナ行〕

南部協会（Southern Association of Colleges and Schools：SACS） 12, 34-36
（認証評価の）二重方式 88, 89, 120, 125
ニューイングランド協会（NEASC） 15, 20-24, 48, 49, 53, 59, 64, 92, 94
認証評価 6, 12-16, 20, 31-32, 33, 67, 147, 165-170

索引　185

認証評価のプロセス	47	北中部協会（North Central Association：	
ネブラスカ州	91	NCA）	12, 30-34, 65, 87, 89, 96
ノースダコタ州	112, 113	ボランタリー	13, 32, 34, 53, 65, 66, 87, 147

〔ハ行〕

〔マ行〕

8年研究（eight-year study）　13
バージニア州　91
ハイスクール（高校）　6, 9, 21, 23, 28, 29, 44, 86, 112, 122, 170, 171
ハワイ州　45, 46, 63, 112
プロセス条件　113, 147, 151, 152, 171, 173
プロセス評価　16, 49
フロリダ州　113, 115, 117, 151, 152
ペンシルバニア州　24, 87
訪問評価　15, 21-23, 27, 40, 42, 50-54, 68, 69, 76, 77, 86, 87, 118, 124-128, 130, 152, 166, 173, 176
北西部協会（Northwest Accreditation Commission：NWAC）　36, 39, 43, 108

ミシガン州　89, 112, 130-133, 137, 138, 140-142, 144-146, 152, 153
ミシシッピ州　85, 120-125, 151, 152, 155
ミドルステーツ協会（Middle States Association of Colleges and Schools：MSACS）　24-29, 48, 94
村松岐夫　169

〔ラ行〕

リーダーシップ　22, 27, 41, 48, 49, 59, 68, 75, 127, 134, 136, 160, 171
レビンソン（Levinson, M.）　163, 169, 176
ロズステイン（Rothstein, R.）　13, 15, 56, 58

編著者紹介

浜田　博文（はまだ　ひろふみ）
　筑波大学人間系教授
　1961年生
　筑波大学大学院博士課程教育学研究科単位取得退学　博士（教育学）
　専攻：学校経営学

　主要著書・論文
　『「学校の自律性」と校長の新たな役割―アメリカの学校経営改革に学ぶ―』（一藝社、2007年）、『学校を変える新しい力―教師のエンパワーメントとスクールリーダーシップ』（編著、小学館、2012年）、「『学校ガバナンス』改革の現状と課題―教師の専門性をどう位置づけるべきか？」『日本教育経営学会紀要』第54号（第一法規、2012年、pp.23-34）、『「大学における教員養成」の歴史的研究―戦後「教育学部」史研究』（共編著、学文社、2001年）

アメリカにおける学校認証評価の現代的展開

2014年2月25日　初　版　第1刷発行　　　　　　　　〔検印省略〕
　　　　　　　　　　　　　　　　　　　　　＊定価はカバーに表示してあります。

編著者 Ⓒ 浜田博文／発行者 下田勝司　　　　　印刷・製本／中央精版印刷

東京都文京区向丘1-20-6　　郵便振替 00110-6-37828
〒113-0023　TEL (03)3818-5521　FAX (03)3818-5514　　発行所　株式会社 東信堂
Published by TOSHINDO PUBLISHING CO., LTD
1-20-6, Mukougaoka, Bunkyo-ku, Tokyo, 113-0023, Japan
E-mail : tk203444@fsinet.or.jp　http://www.toshindo-pub.com

ISBN978-4-7989-1218-9　C3037　　Ⓒ H. HAMADA

東信堂

現代アメリカの教育アセスメント行政の展開——マサチューセッツ州（MCASテスト）を中心に	北野秋男編	四八〇〇円
アメリカ公民教育におけるサービス・ラーニング	唐木清志	四六〇〇円
現代アメリカにおける学力形成論の展開——スタンダードに基づくカリキュラムの設計	石井英真	四二〇〇円
アメリカにおける学校認証評価の現代的展開	浜田博文編	二八〇〇円
アメリカにおける多文化的歴史カリキュラム	桐谷正信	三六〇〇円
社会形成力育成カリキュラムの研究	西村公孝	六五〇〇円
現代ドイツ政治・社会学習論——「事実教授」の展開過程の分析	大友秀明	五二〇〇円
現代教育制度改革への提言 上・下	日本教育制度学会編	各二八〇〇円
現代日本の教育課題——二一世紀の方向性を探る	山口満 村田翼夫編著	二八〇〇円
バイリンガルテキスト現代日本の教育	村田翼夫編著	三八〇〇円
発展途上国の保育と国際協力	上田学編著	三八〇〇円
日本の教育経験——途上国の教育開発を考える	浜野隆 三輪千明著	二八〇〇円
子ども・若者の自己形成空間——教育人間学の視線から	国際協力機構編著 高橋勝編著	二七〇〇円
君は自分と通話できるケータイを持っているか——「現代の諸課題と学校教育」講義	小西正雄	二〇〇〇円
教育文化人間論——知の逍遙／論の越境	小西正雄	二四〇〇円
グローバルな学びへ——協同と刷新の教育	田中智志編著	二〇〇〇円
学びを支える活動へ——存在論の深みから	田中智志編著	二〇〇〇円
教育の共生体へ——ボディ・エデュケーショナルの思想圏	田中智志編	三五〇〇円
人格形成概念の誕生——近代アメリカの概念史	田中智志	三六〇〇円
社会性概念の構築——アメリカ進歩主義教育の概念史	田中智志	三八〇〇円
教育による社会的正義の実現——アメリカの挑戦（1945-1980）	D・ラヴィッチ著 末藤美津子訳	五六〇〇円
学校改革抗争の100年——20世紀アメリカ教育史	D・ラヴィッチ著 末藤・宮本・佐藤訳	六四〇〇円

〒113-0023 東京都文京区向丘1-20-6
TEL 03-3818-5521　FAX 03-3818-5514　振替 00110-6-37828
Email tk203444@fsinet.or.jp　URL:http://www.toshindo-pub.com/

※定価：表示価格（本体）＋税

東信堂

比較教育学事典	日本比較教育学会編	一二〇〇〇円
比較教育学の地平を拓く	森山肖子編著	四六〇〇円
比較教育学──越境のレッスン	山下稔也編著	三六〇〇円
比較教育学──伝統・挑戦・新しいパラダイムを求めて	M・ブレイ編著 馬越徹・大塚豊監訳	三八〇〇円
多様社会カナダの「国語」教育（カナダの教育3）	馬越徹・大塚豊監訳	三六〇〇円
国際教育開発の再検討──途上国の基礎教育普及に向けて	小川啓一・西村幹子・北村友人編著	二四〇〇円
中国教育の文化的基盤──変貌する国家の人材選抜	顧明遠著 大塚豊監訳	三八〇〇円
中国大学入試研究	大塚豊	二九〇〇円
中国高等教育拡大政策の展開	南部広孝	三六〇〇円
中国の職業教育拡大政策──背景・実現過程・帰結	劉文君	三二〇〇円
中国の後期中等教育の拡大と経済発展パターン──江蘇省と広東省の比較	呉琦来	五〇四八円
教育における国家原理と市場原理──チリ現代教育史に関する研究	斉藤泰雄	三八二七円
中国高等教育の拡大と教育機会の変容	王傑	三八〇〇円
現代中国初中等教育の多様化と教育改革	楠山研	三九〇〇円
ドイツ統一・EU統合とグローバリズム──教育の視点からみたその軌跡と課題	木戸裕	六〇〇〇円
バングラデシュ農村の初等教育制度受容	日下部達哉	三六〇〇円
オーストラリアの教員養成とグローバリズム──多様性と公平性の保証に向けて	本柳とみ子	三六〇〇円
[新版]オーストラリア・ニュージーランドの教育──グローバル社会を生き抜く力の育成に向けて	青木麻衣子・佐藤博志編著	二〇〇〇円
オーストラリアの言語教育政策──多文化主義における「多様性」と「統一性」の揺らぎと共存	青木麻衣子	三八〇〇円
オーストラリア学校経営改革の研究──自律的学校経営とアカウンタビリティ	佐藤博志	三八〇〇円
戦後オーストラリアの高等教育改革研究	杉本和弘	五八〇〇円
マレーシア青年期女性の進路形成	鴨川明子	四七〇〇円
「郷土」としての台湾──郷土教育の展開にみるアイデンティティの変容	林初梅	四六〇〇円
戦後台湾教育とナショナル・アイデンティティ	山﨑直也	四〇〇〇円

〒113-0023 東京都文京区向丘1-20-6
TEL 03-3818-5521 FAX 03-3818-5514 振替 00110-6-37828
Email tk203444@fsinet.or.jp URL:http://www.toshindo-pub.com/

※定価：表示価格（本体）＋税

東信堂

大学の自己変革とオートノミー——点検から創造へ	寺﨑昌男	二五〇〇円
大学教育の創造——歴史・システム・カリキュラム	寺﨑昌男	二五〇〇円
大学教育の可能性——評価・実践・教養教育	寺﨑昌男	二五〇〇円
大学は歴史の思想で変わる——FD・評価・私学	寺﨑昌男	二八〇〇円
大学改革 その先を読む	寺﨑昌男	一三〇〇円
大学自らの総合力——理念とFD そしてSD	寺﨑昌男	二〇〇〇円
FDの明日へ 大学教育のネットワークを創る	京都大学高等教育研究開発推進センター編	三三〇〇円
臨床的人間形成論の構築——臨床的人間形成論第1部	田中毎実	二八〇〇円
大学教育の臨床的研究——臨床的人間形成論第2部	田中毎実	二八〇〇円
高等教育質保証の国際比較	杉本和弘 羽田貴史 米澤彰純 編	三六〇〇円
英語の一貫教育へ向けて	立教学院英語教育研究会編	二八〇〇円
「主体的学び」につなげる評価と学習方法——カナダで実践されるICEモデル	松下佳代 編集代表 土持ゲーリー法一 訳	一〇〇〇円
ポートフォリオが日本の大学を変える——ティーチング/ラーニング/アカデミック・ポートフォリオの活用	土持ゲーリー法一	二五〇〇円
ティーチング・ポートフォリオ——授業改善の秘訣	土持ゲーリー法一	二〇〇〇円
ラーニング・ポートフォリオ——学習改善の秘訣	土持ゲーリー法一	二五〇〇円
学生支援に求められる条件	清水亮 橋本勇人 多田野雄司	二八〇〇円
学生支援GPの実践と新しい学びのかたち	山田礼子	三二〇〇円
学士課程教育の質保証へむけて——学生調査と初年次教育からみえてきたもの	山田礼子	二八〇〇円
一年次（導入）教育の日米比較——の国際比較 学生の教育評価	山田礼子 編著	二八〇〇円
大学教育を科学する——学生調査と初年次教育からみえてきたこと	河合塾 編著	三六〇〇円
「深い学び」につながるアクティブラーニング——全国大学の学科調査報告とカリキュラム設計の課題	河合塾 編著	二八〇〇円
アクティブラーニングでなぜ学生が成長するのか——経済系・工学系の全国大学調査からみえてきたこと	河合塾 編著	二八〇〇円
初年次教育でなぜ学生が成長するのか——全国大学調査からみえてきたこと	河合塾 編著	二八〇〇円

〒113-0023 東京都文京区向丘1-20-6　TEL 03-3818-5521　FAX03-3818-5514　振替 00110-6-37828
Email tk203444@fsinet.or.jp　URL:http://www.toshindo-pub.com/
※定価：表示価格（本体）＋税

東信堂

オックスフォード キリスト教美術・建築事典	P&L・マレー著 中森義宗監訳	三〇〇〇〇円
イタリア・ルネサンス事典	J・R・ヘイル編 中森義宗監訳	七八〇〇円
美術史の辞典	中森義宗・デュロ・ヘイル編	三六〇〇円
書に想い 時代を讀む	中森義宗・清水忠彦他	一八〇〇円
日本人画工 牧野義雄―平治ロンドン日記	ますこ ひろしげ	五四〇〇円

【芸術学叢書】

芸術理論の現在―モダニズムから	谷川渥編著	三八〇〇円
絵画論を超えて	尾崎信一郎	四六〇〇円
美を究め美に遊ぶ―芸術と社会のあわい	江藤光紀	二八〇〇円
バロックの魅力	荻野厚志編著	二六〇〇円
新版 ジャクソン・ポロック	小穴晶子編	二六〇〇円
美学と現代美術の距離―アメリカにおけるその乖離と接近をめぐって	藤枝晃雄	三八〇〇円
ロジャー・フライの批評理論―知性と感受性の間で	金 悠美	四二〇〇円
レオノール・フィニ―境界を侵犯する新しい種	尾形希和子	二八〇〇円
いま蘇るブリア=サヴァランの美味学	川端晶子	三八〇〇円

【世界美術双書】

バルビゾン派	井出洋一郎	二〇〇〇円
キリスト教シンボル図典	中森義宗	二三〇〇円
パルテノンとギリシア陶器	関 隆志	二三〇〇円
中国の版画―唐代から清代まで	小林宏光	二三〇〇円
象徴主義―モダニズムへの警鐘	中村隆夫	二三〇〇円
中国の仏教美術―後漢代から元代まで	久野美樹	二三〇〇円
セザンヌとその時代	浅野春男	二三〇〇円
日本の南画	武田光一	二三〇〇円
画家とふるさと	小林 忠	二三〇〇円
ドイツの国民記念碑―一八一三年	大原まゆみ	二三〇〇円
日本・アジア美術探索	永井信一	二三〇〇円
インド、チョーラ朝の美術	袋井由布子	二三〇〇円
古代ギリシアのブロンズ彫刻	羽田康一	二三〇〇円

〒113-0023 東京都文京区向丘1-20-6
TEL 03-3818-5521 FAX 03-3818-5514 振替 00110-6-37828
Email tk203444@fsinet.or.jp URL:http://www.toshindo-pub.com/

※定価：表示価格（本体）＋税

東信堂

ハンス・ヨナス「回想記」	盛永・木下・馬渕・山本訳	四八〇〇円
責任という原理——科学技術文明のための倫理学の試み（新装版）	H・ヨナス／加藤尚武監訳	四八〇〇円
原子力と倫理——原子力時代の自己理解	H・ヨナス／小坂・土屋・吉本訳	一八〇〇円
死の質——エンド・オブ・ライフケア世界ランキング	Th・小笠原道雄編	一二〇〇円
生命の神聖性説批判	H・クーゼ／飯田亘之訳	四六〇〇円
メルロ＝ポンティとレヴィナス——他者への覚醒	加國尚志／小野谷・飯田・桐小野谷・片柳・永幡訳	四〇〇〇円
概念と個別性——スピノザ哲学研究	石川祐一	
〈現われ〉とその秩序——メーヌ・ド・ビラン研究	朝倉友海	三八〇〇円
省みることの哲学——ジャン・ナベール研究	村松正隆	四六四〇円
ミシェル・フーコー——批判的実証主義と主体性の哲学	越門勝彦	三八〇〇円
カンデライオ（ジョルダーノ・ブルーノ著作集 1巻）	手塚博	三二〇〇円
原因・原理・一者について（ジョルダーノ・ブルーノ著作集 3巻）	加藤守通訳	三二〇〇円
傲れる野獣の追放（ジョルダーノ・ブルーノ著作集 5巻）	加藤守通訳	四八〇〇円
英雄的狂気（ジョルダーノ・ブルーノ著作集 7巻）	加藤守通訳	三六〇〇円
ロバのカバラ——における文学と哲学	加藤守通訳	三六〇〇円
〈哲学への誘い——新しい形を求めて 全5巻〉	N・オルディネ／加藤守通監訳	
自己	松永澄夫	三二〇〇円
世界経験の枠組み	松永澄夫編	三二〇〇円
社会の中の哲学	松永澄夫編	三二〇〇円
哲学の振る舞い	松永澄夫編	三二〇〇円
哲学の立ち位置	松永澄夫編	三二〇〇円
哲学史を読むI・II	松永澄夫	各三八〇〇円
言葉は社会を動かすか	浅田淳一・松永澄夫編	二八〇〇円
言葉の働く場所	伊東佐敷弘也編	二三〇〇円
食を料理する——哲学的考察	松永澄夫	二五〇〇円
言葉の力（音の経験・言葉の力第I部）	高橋澄克己編	二三〇〇円
音の経験（音の経験・言葉の力第II部）——言葉はどのようにして可能となるのか	松永澄夫編	二〇〇〇円
環境安全という価値は…	村松澄夫編	二三〇〇円
環境設計の思想	鈴木鋼夫編	二三〇〇円
環境文化と政策	松永泉編	

〒113-0023 東京都文京区向丘1-20-6
TEL 03-3818-5521 FAX 03-3818-5514 振替 00110-6-37828
Email tk203444@fsinet.or.jp URL:http://www.toshindo-pub.com/

※定価：表示価格（本体）＋税